赋能型团队

团队管理的精髓是赋能，不是管控

陈金平◎著

中国商业出版社

图书在版编目（CIP）数据

赋能型团队 / 陈金平著 . -- 北京：中国商业出版社, 2019.9

ISBN 978-7-5208-0847-7

Ⅰ.①赋… Ⅱ.①陈… Ⅲ.①企业管理—团队管理 Ⅳ.① F272.9

中国版本图书馆 CIP 数据核字（2019）第 164313 号

责任编辑：刘万庆

中国商业出版社出版发行

010-63180647　www.c-cbook.com

（100053 北京广安门内报国寺 1 号）

新华书店经销

三河市长城印刷有限公司印刷

*

710 毫米 ×1000 毫米　1/16 开　13 印张　180 千字

2019 年 9 月第 1 版　2019 年 9 月第 1 次印刷

定价：48.00 元

****

（如有印装质量问题可更换）

前言

团队管理的精髓是赋能，不是管控

很多团队领导者觉得自己是孤家寡人，什么事都自己干，原因何在？主要原因就在于，没有真正给团队赋能。领导者不应该像英雄一样自己去冲锋陷阵，而应该成为一个赋能者，应该像园丁一样，积极缔造团队环境，维系团队氛围。

那么，什么是赋能？从理论上来说，所谓的赋能就是赋予他人能力，让正确的、有能量的、高效能的人做正确的事情。从管理的角度来看，赋能就是相信团队成员，赋予他们更多的权利，不仅仅是传统意义上的管理、指导及教导，而是授权赋能，激发团队成员的内在驱动力，同时为团队成员提供工作需要的资源，锻炼团队成员的能力，完善团队架构，尽量避免多层级式的发号施令。用任正非的话来说，就是"让听见炮声的人做决策"。

在实际工作中，我们不难发现管控型团队的外在表现非常明显：规章制度非常严格，上下班需要按时打卡，团队架构森严，做决策需要层层汇报，每一级的管理者对下一级的控制欲都很强，有体系化的KPI考核，各种会议和汇报频繁，等等。在管控型的团队中，工作对于团队成员来说，会产生很多除了工作以外的压力，使他们感到身心不自由，特别是对于一些创造力比较强的团队成员，工作创新的积极性会受到很大影响。

当然，这并不是说强管控型的团队不好或者一无是处，很多团队都需要依靠这样的管理，尤其像制造业等劳动密集型的行业。在劳动密集型的行业中，大部分团队成员的职业化素质都不太高，他们的工作性质多是螺丝钉式的"点"化工作，他们的工作时间就意味着工作输出，如果不采取强管控，不制定严格的制度，团队就很难高效运转起来。

而赋能型团队也并不是完全没有规章制度的存在，只是在团队管理中，更多地强调其作用是为团队成员赋能。如，管控型的团队会对团队成员进行事成之后的利益分享，做得好就有奖励；而赋能型团队则是要激发团队成员的创造力、内驱力，要鼓励他们创造性地去完成更有挑战性的目标。

赋能型团队致力于给团队成员打造更为宽松的工作环境，为团队成员创造可以展示其才能的舞台，使团队成员在整个过程中能够感受到自己的价值。这时，就要根据团队成员的专长、兴趣、能力、要解决的客户问题等来进行合理的工作分配。

未来世界是不确定的 VUCA 时代，战略无法制定，对手不知道在哪里，新技术蓬勃发展，作为企业或者团队的领导者，如何实现企业与团队目标？如何提升团队效能？答案就是构建赋能型团队。在这个个体崛起的时代，只有充分发挥个体价值才能给团队带来更多的绩效，而赋能型团队的意义也正在于此。

目录

第一章 未来社会的团队
- ◇ 未来团队普遍面临的三种挑战 / 2
- ◇ 企业的问题即是团队的问题 / 4
- ◇ "重新定义团队"需要考虑三个因素 / 9
- ◇ 互联网与共享经济下,人与团队关系被重构 / 15
- ◇ 技术革命催生新的生产方式 / 22
- ◇ 未来团队是什么样 / 24

第二章 管理型团队的常见问题
- ◇ 留人难:团队成员流失率高 / 30
- ◇ 不主动:团队成员工作不积极 / 36
- ◇ 培养难:难以培养出优秀人才 / 39
- ◇ 不齐心:缺乏有效的激励机制 / 43
- ◇ 发展难:团队成员发展受限 / 48
- ◇ 执行难:团队制度无法正确执行 / 53

第三章 现代企业需要打造赋能型团队

◇赋能型团队具有自主性 / 60

◇赋能型团队具有成就感 / 64

◇内心强大则团队强大 / 68

◇团队与团队成员是命运共同体 / 71

◇天生我材必有用 / 74

第四章 赋能型团队是什么

◇赋能的定义和缘起 / 80

◇赋能型团队的七大特征 / 82

◇赋能式提问的六个问题 / 84

◇用赋能激活团队 / 85

第五章 赋能型团队首先要是学习型团队

◇从错误/失败中学习 / 90

◇跟成员学习 / 92

◇打造全员学习的氛围 / 94

◇树立终身学习的意识 / 96

◇赋能团队在行动中学习与成长 / 100

第六章 赋能型团队要有强大的成果交付力

◇目标、结果、一切基于目标成果 / 104

◇方法可行,才能做到位 / 108

◇严格考核,才能得人心 / 111

◇相信文化和信仰的力量 / 114

◇强化流程、简化流程、高效交付 / 117
◇奖惩分明，是赋能型团队成果交付的有力保障 / 120

第七章　赋能型团队要懂得分工合作

◇目标一致，才会愿意合作 / 126
◇彼此信任，合作才能更顺 / 128
◇做好团队沟通，减少磕绊 / 132
◇工作自动自发，合作效果最好 / 134
◇遇到问题，一起解决 / 137

第八章　赋能型团队的团队成员塑造

◇新生代团队成员五大性格特点 / 142
◇团队新生代成员管理特点 / 144
◇关注团队精英成员的成长 / 147
◇授权：给团队成员充分的决策权和施展空间 / 149
◇成就：帮助团队成员寻找隐藏在工作中的成就感 / 152
◇策略：有策略的行为才是可复制的行为 / 155
◇迭代：在迭代中发展和成长 / 157

第九章　赋能型团队的领导力赋能

◇赋能型领导者的特质 / 162
◇以心为本的激发 / 163
◇自我发展，自我超越 / 165
◇改变自己的心智模式 / 170
◇带好队伍，赋能他人成为领导者 / 172

◇提高能力，将资源整合成绩效 / 175

第十章 赋能型团队的典型案例
◇谷歌的运营之道 / 178

◇阿里巴巴是一家赋能公司 / 183

◇京东的赋能管理主体 / 189

◇韩都衣舍是典型的赋能组织 / 194

后记 / 199

参考文献 / 200

第一章
未来社会的团队

◇未来团队普遍面临的三种挑战

在知识经济的席卷下，全球早已驶入知识经济的快车道。同时，我们所处的商业环境也体现出了明显的特征：快速、变化、个性化。这也是知识经济时代，团队管理所面临的三大挑战。因此，团队只有转换管理方式才能适应外界的变化，否则只有死路一条！

1. 快速

如今，信息变化速度越来越快，知识的更迭速度远超过以前，因此未来团队首先面对的一大挑战就是——快！

（1）信息更丰富。计算机和互联网的发展，塑造了人们的新生活。知识可以瞬间即得，大英博物馆数百万卷的信息5秒钟就能发到任何一台服务器上，读者立刻就能得到这些信息。同样，知识的更新速度也加快。数据显示，工业经济时代用300年把人类知识的总和翻了一番。在创造知识的速度上，300年等于5000年。进入知识经济时代以后，每5年知识就翻番，"知识折旧"成为人们的口头禅。

（2）更加追求速度。对于团队来说，如果内部变化速度小于外界的变化速度，将意味着失败或灭亡。数据显示：每隔10年，原来的世界500强企业便会消失1/3。因为没有学习，应变能力变差。从国内情况看，企业经营环境比10年前复杂25倍，企业竞争比10年前增加33倍，企业平均寿命是10年前的20%，企业的平均利润逐年递减10%。每3年，100家企业中便有68家死亡。现代社会的趋势是：竞争更加激烈，没有止境与界限。可见，中国的商业环境呈现出发展越来越迅速、变化越来越快、竞争越来越激烈的特点。

2. 变化

处于全新的变化的环境中，企业如何才能不错失历史性的战略发展机遇，通过战略创新去寻求新成长？如何不犯历史性战略错误，把握住战略的节奏与速度，实现有节奏、有质量地成长？这些都需要领导者的智慧。

"战略创新"是一些企业家用得比较多的一个词。所谓战略创新，既包括新的方向的选择，也包括企业如何寻找到新的成长蓝海，如何进行商业模式的创新、业务模式的重构，还包括企业如何打造新的核心能力。这些层面统称为战略创新。只有通过战略创新，才能寻求大的战略性的成长。这种成长关系到企业3~5年，甚至未来5~10年的持续成长。

战略性成长一般要思考和解决企业的三个问题：未来在哪里成长、如何成长、靠什么成长。这也是战略的三个基本命题：未来在哪儿成长，未来的成长空间在什么地方；新的业务、新的产业领域到底朝哪个方向去发展；如何进行战略选择，如何做加法，如何做减法。

企业想要成长，无非是三条道路：①如何通过技术创新、产品创新去拓展战略成长空间。②在产业互联网时代，如何通过商业模式创新，重构消费者价值，重构客户价值。③如何基于企业战略来运用资本杠杆，并购重组，做产业整合。企业要确定的是选哪条路，或者三条路都选。

企业靠什么成长，要看它的新核心能力。在新的商业模式和成长模式下，企业要打造什么样的新核心能力？华为提出打造两类优势：一类是内在的核心能力优势，一类是外在的生态优势。经营团队，还是要首先认清方向，明确未来在哪儿成长、如何成长、靠什么成长，把这三个问题思考清楚了，只要达成共识，找到阻碍成长的内在的组织和人才的瓶颈，通过变革、配置资源，就能推动战略目标的实现。

3. 个性化

生活条件的改善，使人们越来越关注自己，也更加关注自身的需求。社会进步很重要的一个特征，就是人们都愿意用自己喜欢的方式过自己想过的生活，并且都能过上自己想过的生活。因此，社会分工越来越精细化，更加崇尚个性张扬、展现真我风采。

面对越来越个性的消费者需求，企业就要多加思考，为他们提供个性化的服务和产品，满足消费者需求。要为消费者创造个性化的消费体验，吸引他们的注意力。

◇企业的问题即是团队的问题

"蝴蝶效应"的发现者——美国数学与气象学家爱德华·洛伦兹告诉我们：一只蝴蝶在巴西轻轻拍动翅膀，会引发众多蝴蝶一起振翅，一旦数千只蝴蝶同时跟着那只蝴蝶一同挥动翅膀，一个月后，就可能在美国得克萨斯州引发一场龙卷风。

"蝴蝶效应"告诉我们，在一个错综复杂的系统里，任何一个微小的变化都可能对全局造成决定性的影响。

在企业管理中，企业是由团队组成的，企业的问题往往是团队问题的积累，而团队问题亦会直接引发企业问题。在现实中，我们经常发现团队成员整日忙忙碌碌，老板也是毫无闲暇，大家都在为企业的明天努力，也想了不少新办法，但效果却不尽如人意。事实上，传统企业使用"自上而下"的管理模式，总会因为信息通路不畅而导致"老板不知道，团队成员不敢说"的情况发生，如同身体暗藏的疾病，久治不愈，挥之不去，让领导者异常头疼。

下面，列举一些企业管理中的常见问题，企业与团队可以借此进行比照自检。

1. 岗位错位紊乱

人力资源管理中有句名言"将正确的人放到正确的位置"，可是真能做到这点的企业却不多。

一次，我到一家人才市场招聘，在我们的展位旁边是一家房地产公司的招聘展位，我听到对方人员的话："每次招聘会都要咱们搬桌子和椅子，连职业经理人都做这样的事情，更别说普通职员了，咱们又不是'搬运工'。"听到这样的话，我不禁叹息，这家企业怎么会花高工资请来并不专业的搬运工呢。

其实，这种现象体现了老板的一种心理，认为团队成员招聘进来，就要使用，只要自己的人能做，就不会花更多的钱去找别人做。结果，付出的代价更高。

接着，我又听到另一个团队成员说："咱们都是女人，又不是'女汉子'，谁有力气搬动桌椅，难怪咱们公司离职率这么高。"不难看出，岗位错乱，不仅会引起团队成员的不满，还会影响到工作效率。成功的企业一般都不会出现这样的问题。

2. 企业家自我职业化程度不高

俗话说："兵熊熊一个，将熊熊一窝。"企业家如同军队的首领，是企业支付成本最高的团队成员。企业家当企业的"皇帝"，一切都是自己说了算，团队成员只是执行的机器。这种个人的缺陷，会为企业增加沉重的成本负担。

这种现象主要集中在小型企业，当然在大型企业里也存在。每个人都要为自己的工作负责，企业创始人有自己的工作范围。你是领导，你有权决策，但不能一直以自己为中心，否则必然会大大降低团队的协同能力，增加高额的隐形成本。

3. 团队成员无限制加班

团队成员下班后废寝忘食地加班，事实上不一定是敬业的因素，也可能隐含着极高的成本。理由有二。

（1）加班会耗费团队成员的大量精力和体力，严重透支团队成员的健康，长期下去，会让一些重要的团队成员无法长期发挥效能，为公司带来负担，如机械操作团队成员长时间加班而导致疲累，一旦发生事故，不仅会伤害到员工的身体，还会让企业付出沉重代价。

（2）团队成员加班不一定从事本职工作。有些团队成员下班后依然坐在办公桌前不走，名为加班，其实是在利用公司资源做自己的事情，同时领取加班费。很多企业的重要损失、数据丢失等大多都是发生在下班时间。加班就是企业管理隐藏的死角。

4. 流程繁琐复杂

很多时候，企业管理之所以如毛线般紊乱，执行效能低下，一个原因就是流程太多、太杂。事实证明，多数发展缓慢的企业，流程通常都是混乱的或不合理的。即使企业为此承担着很高的成本，很多领导者依然因为沉浸在其中而对每天发生的事情熟视无睹。

流程，是企业运营的产业链，如同流水线一样，不制订科学合理的流程，就无法控制各项工作的系统性、有效性，有可能直接导致工作半途而废，甚至导致返工。如此，都会成为绊住企业前进双脚的乱麻。

5. 资源不合理利用

很多企业都有暂时不用的资源，如：闲置的设备、积压的库存、低利用率的岗位设置、闲置的资金、搁置的业务等。这些资源虽然不一定需要企业继续消耗投入，却是企业资产的一部分，企业会为此承担利息等隐形成本。从一定意义上来说，对于企业而言，闲置资源的多少，体现着企业资源利用率的高低。

6. 企业文化无意义

文化是企业的魂，直接体现在每一个成员的精神面貌中。这种文化在企业成立的初期阶段就开始建立，会受到创始人的文化、习惯、技能、职业、好恶等影响。现实中，有些企业团队成员精神萎靡，做事效率低下，无论多么优秀的团队成员，只要进入这样的公司，不久要么离开，要么被公司"同化"。这就是企业文化的作用。

对于企业文化的不严谨态度，不仅会影响到公司的工作氛围，还会对新人造成负面影响。试想，在一个企业中如果大家都得过且过，公司还谈何发展呢？

7. 人才流失严重

很多企业的人力资源管理都做得不到位，总是一厢情愿地认为人才是无限的，一个团队成员离开，还会有其他人到来，中国就是人多，不愁没有合适的人才。可事实上，每一名团队成员的离开对公司来讲都是一笔成本，因为公司已经承担了该团队成员的培训费等前期投入，还要承担新团队成员是否适合岗位的风险；如果离开的是团队核心成员，一旦职业素养不高，就会存在企业内部资料或信息流失的风险，甚至给企业带来不利影响。

8. 会议效率不高

会议是企业解决问题和发布指令的集体活动，但是需要支付较高的成本。领导者没有掌握开会的技巧，存在"会前无准备，会中无主题，会后无执行，与会无必要，时间无控制，发言无边际"的六无现象，直接导致的结果就是会议效率不高。要想解决这个问题，就要赋能团队，规定好会议时间，确定好会议主题及流程。

9. 采购浪费时间

有家企业打算做个新项目，项目组每天要花费7万元的运营成本；产品上市前夕，采购部门要采购10多万元的包装，为了找到价格低廉的供应商，节约采购成本，竟然耗费了半个月的时间。结果，整个营销团队多等待了半个月的时间仍然无法和客户签约。

该企业的问题就在于，一味地追求采购成本的降低而忽略了同时并存的"隐形成本"。对于采购部门来说，只有站在整体经营的角度综合权衡各项指标，才能真正控制采购的成本支出。

10. 沟通渠道不畅

很多企业员工之间的沟通存在严重失真的情况，或词不达意，或答非所问，或百人百解……这种现象，会让很多工序成为无效工序，影响到工作效率的提高，还会让员工失去很多重要机会，甚至给企业带来隐患。

◇ "重新定义团队"需要考虑三个因素

重新思考团队、重新定义团队、重新确立团队和人的关系的时候，要考虑三个因素。因为在实践过程中，团队要素受到这三个因素的影响。这三个因素就是：需求驱动团队变革、互联网与共享经济颠覆了原有的团队模式及智能技术重构人机关系与生态。

一、需求驱动团队变革

客户的需求每时每刻都处于变化中，有显性的、明确的需求，也有不确定的、潜在的需求。对客户的需求，要按照项目、工作内容、进度、完成时间、验收标准等进行明确，因为需求驱动着变革。

1. 了解客户需求的本质

团队的经营过程通常都包括销售、服务、产品和研发。处于中间位置的是客户，要以客户为中心，不断地满足客户的市场和购买需求，满足客户的交付和服务需求，满足客户对细分产品功能等的业务需求等。所有的部门都要围绕"以客户需求为中心"去做，满足客户需求，获得客户信赖。

客户需求的要求是：有价值、易用、方便和可靠，最终通过渠道和业务去达成产品、方案、质量、服务和成本的诉求。可见，客户需求的本质就是产品好、质量好、服务好、价格公道。客户都喜欢有价值的、高质量的产品。

2. 明白客户需求的作用

在客户需求的作用里，很重要的一个理念是：以客户需求为中心，构建满足客户需求的能力，构建自身发展的能力。客户需求的作用主要体现在以下几方面。

（1）客户需求是团队生存的基础。团队发展的最低目标，即生存目标是活下去，而要想活下去就要满足客户的需求。为客户服务是团队存在的唯一理由，更是团队生存的基础。为了实现客户需求和为客户服务，首先要建立以客户为中心的服务团队和团队文化；同时，要建立以客户为中心的业务范围和核心业务流程。

（2）客户需求是团队发展的根本动力。客户是团队之魂，流程是质量之本，要以宗教般的虔诚对待客户，以客户为中心，不断洞察和满足客户期望。如何洞察客户需求？要从普遍客户关系、关键客户关系、团队关系等三个角度去洞察。

团队为客户服务最重要的一点就是保证产品质量和服务质量，要努力做好核心业务，并用相应的业务流程去保障业务实施的正确性。客户需求是团队发展的根本动力，要从三个方面进行解析：政府层面、客户层面和个人消费者层面。客户需求是多元的，是有层次的，且是大众化的。

3. 定位和衡量客户需求

关于客户需求的定位和衡量，需要回答下面几个问题。

（1）如何衡量客户需求？客户的需求需要沟通、分析和引导，要从市场、行业、产业和竞争对手等多个角度，了解客户，了解客户需求。不知道客户的需求是什么，就要多跟客户沟通。产品研发的目的是什么？客户定位是什么？作为技术人员，一般都会从自身或产品角度来分析，而忽视了客户需求。须知，团队做的不仅仅是产品，而是可以交易、有价值的商品。

（2）如何定位客户需求？客户需求如何分层？客户的需求有不同层次，针对不同的客户，就要满足不同的需求，只有在明确具体客户群的基础上，谈论客户需求才有意义。

客户的需求是有层次的，往往是从下往上走，但是决策却是从上往下走。作为团队，如果战略上没有成功匹配客户的战略层面诉求，只能成为边缘供应商，无法成为核心供应商。所以，团队要充分理解客户的需求。客户需求的最高层次是客户的成功需求，最低层次是产品的功能需求。针对不同层次的客户需求，团队在客户管理上也要有团队的层次感。

（3）客户的需求如何解决？满足客户需求首先要解决客户的问题。问题不等于需求，团队要关注这样几点：客户想如何解决，解决的程度如何，解决的时间如何。团队不仅要为客户创造价值，还要关注客户能感知到多少价值，客户愿意花多少钱来解决该问题。

二、互联网与共享经济颠覆了原有的团队模式

互联网的出现，让一切皆可连接；而共享经济把闲散的社会资源与能力通过互联网连接在一起，实现了资源的集约化与共享。如滴滴打车、摩拜单车等团队模式，就跟传统的团队与人之间的关系完全不同。共享经济的新团队，不是建立在传统团队的基础上，而是一个全新的团队，直接颠覆了原有的团队模式。

1. 互联网对实体经济的颠覆性影响

互联网对实体经济的发展产生了重大而深远的影响，对传统的团队、运作、服务和商业模式等带来了不小冲击，让实体经济步入转型发展的阵痛期，具体作用体现如下。

（1）互联网颠覆了实体经济传统团队模式。互联网深刻地影响了实体经济传统团队模式，平台化团队、网络化协作、众包众创等逐渐成为新的

团队模式，极大增强了团队的管理和资源整合能力。另外，网络化管理、平台化的团队带来的零边际成本效应，还颠覆了金字塔形的管理模式，让团队管理走向了网状化和扁平化，大幅提高了市场响应能力和决策能力，挖掘出了团队成员更多的潜力。团队要建立适应信息生产力发展的生产关系，激发团队成员的创造性。

（2）互联网颠覆了实体经济的传统运作模式。互联网深刻影响着实体经济的传统运作模式，凭借互联网信息获取的便捷性，低成本快速试错，多款少量、以销定产，为客户提供个性化定制服务，已经成为众多企业的新常态；依托网络平台，紧盯市场，随机应变，低成本学习，已经成为许多企业快速响应市场需求的重要法宝；依托社交网络，利用碎片时间，深度影响用户，实现低成本高频互动，推进用户向粉丝转变，已经成为提高用户黏性、培育企业粉丝的主要模式。

（3）互联网颠覆了传统服务模式。受到互联网的影响，移动服务、就近服务、O2O体验服务、在线监测、远程运维等新型服务模式应运而生。服务业态的创新改变了生产者和消费者之间的关系，客户连接更紧密，供求关系更高效。如滴滴出行的移动服务、就近服务深刻改变了出租车行业的服务模式，解决了大众出行的痛点，促进了供求信息高效匹配和精准对接。

（4）互联网颠覆了实体经济的传统商业模式。互联网改变了企业的客户关系，个性化定制、用户全程参与、服务化转型等服务商业业态创新成为应对经济新常态、增加客户服务价值的主要手段。互联网强化了企业的连接关系，使竞争更加激烈、合作更加紧密。平台型竞争、产业链竞争、生态圈竞争的出现，让传统竞争更加健康有序。

因此，团队要想获得发展，就要提高认识，积极主动，顺势而为，正确看待互联网对实体经济的颠覆性影响，发挥互联网的创新作用，促进互联网和实体经济的融合创新，为实体经济注入新的发展动能。

2. 共享经济对传统经济的颠覆性影响

共享经济，不仅对传统经济带来了深刻的改变，还带来了全方位的影响，大到传统的经济理念，小到传统的经济形式，都受到了共享经济的影响。

（1）对传统经济理念的颠覆。共享经济对传统经济理念的颠覆主要体现在两方面，如表1-1所列。

表1-1　共享经济对传统经济理念的颠覆

体现	说明
生态型经济模式	不同于循环经济，共享经济发生在分配或消费环节，而不是前一生产环节，是循环经济在消费环节的概念延伸。循环经济重视资源的回收再生产、再加工利用，会产生大量的消耗，还会造成环境污染，增加成本损耗，因此再次利用资源的效率很低。而共享经济是对闲置资源的再利用，能够节省大笔生产成本，污染与耗费都为零，避免了过度消费带来的不良影响
从契约到信用机制	"互联网+"经济模式一改过去的那种以契约为主导精神的交易理念，将信用作为核心。不仅有助于社会精神文明与道德修养的全面提升，也是社会进一步发展的必备条件之一

（2）对传统经济形式的颠覆。共享经济对传统经济式的颠覆，表现在四个方面，如表1-2所列。

表1-2　共享经济对传统经济形式的颠覆

体现	说明
扩大有效供给	采用传统模式，企业无法准确把握客户需求，产能过剩、库存高压；而在共享经济模式下，只要是"下单"，都是有需求的。同时，共享经济能快速调动各类社会资源，提高供给的弹性和灵活度，较好地适应不断变化的消费需求；互动评价系统还能够反映供需双方的意见和需求，提高供给的有效性

续表

体现	说明
注重多元协同	共享经济为创新社会治理体系提供了机会窗口。一方面，对创新治理体系提出了新要求，另一方面也为构建新的治理体系提供了经验和支撑。在发展过程中，共享平台逐步建立起了基于大数据的治理机制，不仅保证了平台的正常运行，也为社会治理积累了宝贵经验
促进个体灵活就业	共享经济打破了传统的"全时雇佣"关系，就业方式更加灵活，增加了就业渠道与岗位，使个人和企业均能利益最大化
提升个体消费能力	消费者参与共享经济，可以降低消费成本，提升实际购买力。供需双方直接对接，免除复杂的手续和中介费用，不仅降低了交易成本，还提高了消费者的消费能力

三、智能技术重构人机关系与生态

如今在很多部影视作品中，经常会看到对未来机器人的描述，在科幻片中机器人可以从事人类能够做的所有事情，甚至还包含着情感，非常先进。但是在现实社会中，机器人并没有这么厉害，目前只能做一些简单的工作和比较危险的工作，帮助人类提升工作效率。

1. 未来机器人能帮人类做什么？

未来，机器人能帮人类做的事情主要体现在以下方面。

（1）除了艺术创作外的所有工作。未来，机器人几乎可以从事人类所有的工作，如会计、司机、工人、程序员等。根据科学家预测，除了艺术创作，其他几乎所有的工作机器人都能做！

（2）危险的工作会由机器人代替。如军事上的排雷工作，去危险的太空执行任务，去海洋深处完成任务，等等，都可以让机器人来做。再如比较脏累的工作、下水道排查等，都可以由机器人来完成。

2. 机器人对人类的坏处

任何事物的出现，都是既有利也有弊，机器人同样如此。机器人对人类的负面影响主要体现在以下两方面。

（1）机器人可能会让从业者失业。目前，富士康公司的很多工作都是由机器人来做的，而这些工作以前都由人类在做，无形中就造成了人员的离职。团队成员没饭吃，被机器人抢了饭碗。

（2）过度智能化的机器人可能会让人类毁灭。目前人类正在研究机器人神经网络，一旦机器人的神经网络真正成熟，机器人就是真正的人工智能。霍金、马斯克等都对人工智能的前景表示担忧，他们认为，超级神经网络的人工智能可能是人类的最后一个发明，意味着人类最终会被机器人毁灭。

进行人力资源管理，思考团队的时候，不论是面对传统企业还是非传统企业，都必须思考以上的这三个因素。

◇互联网与共享经济下，人与团队关系被重构

2016年以来，人力资源管理领域最为关键的一句话是：人与团队关系的重构。这句话引发了企业对人与团队的多种思考。那么，如何理解人与团队关系的重构？人与团队关系重构的驱动因素究竟是什么？这种关系的变化本质是什么？

人力资源管理理念的变迁，很大程度上是来自于对"人"的认识的不断深入，"人是目的"不但是一种管理理念，还在企业中得到了实践。团队经营的根本目的，在于支撑了人的发展。人和团队的关系发生了巨大变化，继而提出了人与团队关系的重构。

一、人与团队关系的形成

不论在人力资源发展的哪个阶段，人与团队的关系都是在经过了漫长的实践后，人们对人与团队发展规律的总结。很多时候，团队的实践都是在理论产生之前进行的，不真正找到团队变化的驱动因素，就无法预测它的未来。如认为这种重构来自对人的认识的不断深化，那么从目前来看，人在未来会发生什么样的变化？似乎难以预测。为什么？因为人们总会将总结出来的规律或结果，当成发展变化的驱动因素，而实际上可能并非如此。

传统认为，对人的认识的应用是管理学里最主要的行为科学理论的缘起和发展脉络。如 20 世纪 20 年代，霍桑实验开启了行为科学理论；20 年后，马斯洛在《人类激励理论》中提出了需求层次理论；1954 年，德鲁克提出了"人力资源"的概念，之后又提出了人力资源管理的概念；再后来，双因素理论、x 理论、y 理论、工作与激励、期望理论等纷纷出现。

20 世纪 70 年代，社会心理学家麦克里兰在美国驻外联络官的选拔过程中应用了"才能识别与评测机制"，并最终为美国政府建立了 FSIO 才能模型。可见，早在 20 世纪的前半叶，对人的认识就已经很深入了。在 21 世纪再去谈人与团队关系的重构，显然并不源于对人的认识的不断深化。

二、人与团队关系演变的驱动因素

不理解或不找到人与团队关系变化的真正驱动因素，就无法预测未来团队和个体关系的演变和发展。那么，怎样才能够找到这些因素呢？需要从两方面去看。

1. 技术的不断突破和应用

有管理学者认为，团队形态发生变化的第一个驱动因素，可能来自技术的不断突破和应用。

在2016年的世界经济论坛上，李开复说："在未来的十年内，世界上有50%的工作将会被人工智能所替代，尤其是翻译、记者、助理、保安、司机、销售、客服等岗位。"工作被人工智能替代，不再有人出现在这些岗位，团队内部的架构或模式一定会发生变化。

新的实体经济一旦替代旧的实体经济，运用技术团队就会发展出一种可能性，即有可能从传统团队向平台经济体转型。平台经济体将成为企业或公司等团队的替代名词。

新的实体经济有这样两个关键点：第一，个人成为经济主体，这是新实体经济的一个巨大的特征；第二，一旦"公司"演变成平台经济体，公司和个人之间所建立的劳资关系不再是社会经济关系的主体。具体体现为以下几点：

（1）以人为中心。在新实体经济中，企业之间的关系不会构成社会经济主体，而是以个人为主体；劳资关系不再是社会经济主体，而是以交易关系、市场关系为主体。

（2）数字化连接。这会使社会效率大大提升。

（3）新实体经济基于新要素。在新实体经济中，最重要的要素是数据，这也是如今人们最为关心的热点问题。

（4）全方位的协同和集成。

（5）自动化。这种自动化，不是某一环节的自动化，而是全价值链的自动化。

（6）智能化。把智能技术用于全过程。如无人酒店、无人餐厅的出现都预示着团队的改变。

（7）一切皆服务。在新实体经济中，服务在整个价值创造过程中扮演重要的角色。

（8）大生态化。如今，我们所谈到的生态圈、服务等内容，其实都是新经济体的特征。

鉴于这样的现状，团队结构演变的一个很重要的驱动因素，来自技术的不断突破和应用，尤其是AI技术的不断突破和应用。

2. 社会需求基准的不断提高

生活中，我们总会讲到代际冲突，如80后、85后、90后等。新一代的产生，对管理带来了截然不同的挑战。如今，招聘新团队成员的时候，很多团队都发现过去的激励理论对新团队成员无效。这是因为人发生了变化？我们需要回归本源去看问题，最终，我们会发现是因为社会需求层次的变化，社会需求基准的不断抬高，驱动了人与团队关系的重构。

在研究、思考社会整体需求变化问题的时候，可以给出三个基本假设：①社会整体需求层次应该呈金字塔模式分布，多数需求应该是底层的，向上会越来越少；②社会需求的基准会随着社会财富的积累不断抬高，越来越多的人脱离了最基本的生存需求，在往上走；③社会需求基准决定了主流团队形态，很多人在很早的时候就脱离了最基本的需求，但是社会整体还没有达到相应的层面。

为了便于理解，完全可以将马斯洛的需求层次图倒过来看：当生理需求成为社会需求基准的时候，肯定是最大的需求，然后才能向自我实现逐渐递减。一旦社会基准需求到达情感与归属、需要和尊重之间，就意味着多数人已经脱离了基本的生存需求。

哪个群体的基准需求处于该点位附近呢？就是90后，尤其是城市家庭的90后。因此，所有问题的根源在于，当这部分人进入职场，需求层次的基准已经提高，不会再去追求简单的生存。因为对他们来说，生存已经不再是个问题。生存不是第一压力，他们的压力来自哪里？他人的尊重，甚至自我实现，直指最高需求。

所以，从人的角度来看，随着需求层次的不断抬高，社会需求会促使人的各方面发生变化，使人与团队之间的关系必须被重构。

三、人与团队关系的本质

找到了这种变化驱动因素，我们要思考的一个问题是：这种变化会带来什么？

1. 团队目标从能力资源假设变成了动态修正假设

移动互联网时代，团队目标制定的假设发生了变化，从基于能力、资源假设确定团队目标，变成了动态修正假设。不必再纠结于团队目标和个体目标是否一致这个问题，因为目标本来就是动态的，要基于动态假设去思考。如今，目标基本的假设已经发生了变化，由过去明确的受资源能力限制所提出来的最优目标，变成了发展的愿景和愿景驱动。

2. 人与团队的关系由雇佣关系变为共生

合作的本质究竟是什么？该怎么理解？雇佣关系又怎么理解？我们总会听到"泛契约""半契约"等名词，但是人与团队的关系被重构成了一种什么样的关系？共生！

"共生"是一个生物学概念，至少包括了六种关系。在任何一个团队里，在团队和人的关系里，都能找到这六种关系的代表。

（1）寄生。一种生物寄附于另一种生物身体内部或表面，利用被寄附生物的养分生存。

（2）互利共生。共生的生物体成员彼此都得到好处。

（3）竞争共生。双方都受损，就是损人不利己。无论是对团队的可持续发展，还是对个人的可持续发展，这种形式都没有意义。

（4）偏利共生。对其中一方生物体有意义，对另一方没有任何意义。在有些团队里，个人收获巨大，而团队没有获得收益，就是这样的一种关系。

（5）偏害共生。对其中一方生物体有害，对其他共生线的成员没有影响。

（6）无关共生。就是无益无损。

显然，符合期望的人和团队之间的共生关系应当是互利共生的关系。

四、人与团队关系被重构

它的具体体现为：

1. 互联网的立体化连接

互联网的特点就是一切皆可连接。过去，团队只能实现串联，信息的沟通只能是垂直的。有了互联网的立体化连接后，信息纵横交错，串联并联交织，形成了网状结构。很多企业称自己的团队为网状团队，主要是基于互联网的特征，打通了团队的连接。

2. 团队因需求而聚集连接

围绕客户需求，围绕团队成员需求，围绕人的需求，实现资源的聚集，实现彼此的有效连接。团队是怎么形成的？过去是按照目标、功能、结构来形成；现在的团队，包括项目制团队，则是基于网络、特定的需求、产生价值的节点的联动来形成团队，创造价值。

未来的团队将围绕客户价值，内部按价值驱动，而不是权力驱动，形成各种"变形金刚"，能够快速实现团队的合作、项目制的合作，这是互联网带来的优势。只有互联网才能因价值而聚集团队，而不是因指挥命令而聚集团队。

3. 距离缩短，沟通无障碍

有了互联网，人与人之间的距离无限缩短，沟通无障碍，信息对称，使团队平台化+微化成为可能。如海尔内部有无数个微化的自主经营体。

4. 网状结构打破垂直威权

在互联网时代，基于对人的全新假定，团队方式可以超越权力机制。谷歌、Facebook、苹果为何特别推崇中国的禅文化？因为中国的禅文化最符合未来互联网时代的管理思维。

禅文化强调人的自我超越，强调工匠精神，强调生态、自然的和谐。网络经济、共享经济条件下，假设人是善的，要通过愿景驱动，超越团队边界，形成共生共融的理论系统，实际上就是禅文化理论。

5. 泛契约化、半契约化、合伙化

滴滴打车的司机以自己的车加盟到滴滴平台，企业和司机之间，团队跟个人之间，到底是一种什么关系？社会化泛契约关系！互联网共享经济时代，企业资源社会化，社会资源团队化，团队的边界得到扩展。客户成了参与者，被整合到团队平台，形成了共生共融的生态系统，改变了传统团队环境互动机制。团队必须要参与生态与环境的互动，才能产生持续的生命力。

◇技术革命催生新的生产方式

如今,很多企业的生产团队模式发生了变化。如家电行业出现了大量的智能工厂,过去一个生产电冰箱的工厂可能要三千人,如今只要二十个工程师即可。

随着机器人越来越会学习,越来越会思考,越来越融入到生产作业过程中,就出现了新的生态关系。在智能化生产条件下,要解决的不是人与人、人与团队的关系问题,而是要解决团队与机器、人与机器共存共生的关系问题。这就是技术革命的最佳体现。

红领集团(酷特)主要做定制西服,客户遍及全球。它的最大特点:一是智能化制造,二是个性化定制。他们提出了一个新概念"源点团队",消费者的源点需求驱动工厂端的柔性制造,团队围绕消费者需求进行变革,构建了一个高效率、低成本、高质量、低错误率的创新模式,真正实现了以满足消费者需求为源点的强团队体系,这是对传统团队理论的大胆否定。

这种源点团队,其实就是一个网格化的团队结构。每个细胞团队被赋予充分的自主权和决策权,充分激发团队的活力;重塑团队源头价值,释放团队生产关系,释放全员创新能力,由内而外,对焦目标源点,由原来的"让我干"变成"我要干"。其中有以下几个关键点。

1. 数据驱动

这是首先要解决的问题。生产通过消费者需求的数据来驱动整个团队,企业内部是C2M(顾客对工厂),消费者直接给工厂下单。所谓源点,战略上指的是愿景,整个团队要围绕愿景、战略来进行;战术上指的是需求,要围绕客户需求来进行。团队要满足两端(目标、需求)的要求。

2. 确定目标

各岗位工作应该直接对应客户需求,以满足客户需求为出发点,以实现利润最大化为最终目标。

3. 高效协同

通过满足客户需求而达成的利润目标将直接面向团队内各岗位成员,快速、高效地协同,通过创造性的工作,满足客户需求。

4. 规范团队

规范团队,一方面要强调规范化、标准化、体系化、信息化、数据化;另一方面要强调团队成员的自主性,去领导化,去部门化,去科层化,去审批。

(1)去领导化。全员要对应目标与客户需求,用规范化、体系化取代领导化,所以管理者的角色转变了,不再是监管,而要为整个团队建标准、建规范、建体系,对机制负责,确保整个体系运转优化。而传统团队的领导者主要是靠权威,会造成官僚化倾向,领导者随意决策,决策缺乏标准和验证,造成决策失误,产生责任推诿等问题。

(2)去部门化。增加部门横向协同,在团队信息和数据化基础上,实现信息的高速流转,最终实现全员对应目标自组织运转。传统团队结构中为了维护部门利益,容易滋生小团队主义,造成协同困难。

(3)去科层化。打破科层限制,实现互联网思维下的网格化团队架构。传统的金字塔团队构架下，需层层汇报，效率低下，信息失真，管理过强，部门间不能有效协同。

（4）去审批。传统团队审批是结果性审批，缺乏过程监管，结果容易失控。领导者个人的审批会造成个人利益高于团队利益，主观化决策造成决策失误和过于片面，容易造成责任推诿、层层审批、无人负责的局面。去审批的目标在于，通过强团队解决新问题，固化流程，强化责任，防范风险发生。

5. 自组织

所谓自组织，是依据规范和标准，行使每个职能或节点在流程上的职责，对应源点目标，创造性地落地执行，自驱动完成工作。自驱动不是瞎干，一定是按照预先所确定的规范和标准，行使在职能和流程节点上的职责。

◇ 未来团队是什么样

未来的团队究竟是什么样子的？未来的团队究竟具备哪些特征呢？我们可以用还原论来看未来团队。

所谓还原就是将一种复杂的系统（或现象）层层分解为各组成部分的过程。

还原论（又称分割论）认为，世上的万物都能被分割成部分，人们通过了解部分继而了解万物的本质。即使是复杂的系统，也能通过各个组成部分的行为和作用来加以诠释。它的特征主要有以下几点。

1. 简单、自然、极致

所谓简单、自然、极致，就是在生态体系中更强调自然法则大于人为法则。

不管是生态化团队，还是未来的团队变革，都不是设计出来的，而是围绕客户需求的变化，围绕流程的变化，不断迭代，不断优化，自发形成的。未来的团队不一定会设计得非常完美，不一定能把所有人装在团队里，按团队的规则去运行。未来的团队一定是在自然进化迭代的基础上，不断地进行优化演化。

在未来的团队经营和管理中，奉行的法则是简单、极致，专注于目标。不管是源点团队、生态化团队，还是网络性团队，最终所有的意义都是回归到目标上。要专注于目标——愿景和客户需求，简单管理，高效运行，把所有的能量聚集到为客户提供好的产品服务上。

所谓自然法则是指，团队只有回归到人性需求的本质，符合人性，才能把产品做到极致，违背了人性，就违背了自然法则。优秀的企业为什么成功？聚焦战略，聚焦于客户需求，不在非战略机会点上浪费资源与能力，把一个产品或一件事做到极致，做成爆款。

2. 向死而生，自我进化

生态的本质是生死循环。物种之间、物种与环境之间相互作用，相生相克，生生不息，生就是死，死就是生。死亡是生命体的一种自然归宿与重生，过去强调企业要打造百年老店，是一种直线性的发展思维，是在假设稳态下的线性发展思维。新的时代环境下，打造百年老店可能并非企业唯一的存在价值与追求，而是要向死而生。有时死也是一种价值重构，是产生更大价值的必然结果。

不要怕被别人收购整合，不要怕融入到别人的生态体系里面。一个平台通常是由无数个生态来产生的，只有1%的企业才能成为百年老店，才能成为平台化企业，而99%的企业要融入生态，要不断死，寻求一种新的生存方式。主动革自己的命，拿掉核心业务，全面转型活下来，在新的领域就可能成长得很好。换言之，与其被动适应，不如主动融入，要选择合适的时机死，死得有价值。

所以，企业团队要转换思维，在新生态下遵循生态的规律，让各要素在生死之间产生化学反应，向死而生，价值重构，自我进化，不断增强团队的自适应性。

3. 基于价值链，无限链接

未来的团队可能是基于互联网，基于价值链，依据价值来聚集资源，聚集人才。生物多样化的研究表明，建立在一大片连续的土地上的生物生态系统比建立在很多分散的小片土地上的系统更有活力。

传统的团队治理模式是建造自己的一个小公园，哪里种花，哪里种树，根据团队的需要先设计好，然后浇水施肥。而生态型团队则是打破物种之间的人为边界，去掉规划和控制，使物种自发去连接、生发，最终形成一个生物链，基于价值链无限延伸。每个网络都由很小的核心发展新的价值节点，自由链接，融合，当条件适宜时，有可能演变成一个小生态系统，链接越多，价值越大。

未来的团队股权是多元混合的，不再是一股独大；团队不可能是靠一个人的智慧，而是依靠群体智慧来做决定。谁最贴近客户，谁最有发言权。

未来团队的治理方式，将以共同的价值为导向，提倡"共识、共担、共创、共享"。知识型团队成员或自主经营体，将在共同的价值取向下，基于共享的基础平台，建立联盟体。

4. 团队自主管理

在未来的团队中，更多的是基于共同的价值观、兴趣和目标，通过自组织的方式来形成责权利单元、项目小组、创造工作室。每个小团队围绕使命，围绕客户需求，随需而动。同时，它并不是完全的自由人，而是在一个规范标准的框架之内来实现自组织。

未来生态型团队的主流形态可能就是大平台+小前端，团队平台化，为各类通过自组织方式形成的小前端提供生长和创造价值的环境。平台占据生态制高点，掌握核心环节以后，营造好的环境，让各个自组织在平台上实现链接，向前、融合、共生、自演进、自循环。

没有平台，就没有自组织。没有平台，就没有小微，没有所谓的团队成员自主。

5. 竞争激活，适者生存

生态最大的特点是演变与进化。生态中的各个物种既相互依存，又相互竞争和制约，如此才能生生不息，强调竞争，适者生存。

在生物学领域里有一个概念叫"基石物种"，指在一个生态系统中，一个物种的存在与否，会影响系统中其他物种的存活与多样性，有此现象该物种则称为基石物种。无论是热带雨林，还是海洋，基石物种都起着枢纽的作用。离开了这些基石物种，生态系统的多样性就会崩溃。

对于生态型团队来说，没有基石物种，就没有整个团队的中枢神经系统。所谓的自主化，并不等于团队不要自己的中枢神经指挥系统。很多企业建立不了生态型团队，就是因为缺乏中枢神经系统，无法协调各生物之间的物种关系。由此，如何建立中枢神经体系和中央控制系统，如何打造基石物种，也就成了很多企业面临的问题。

6. 动态的，随需而变

生态型团队对传统金字塔形团队最大的颠覆就是打破了结构和秩序，但并不是说生态型团队完全不要结构和秩序，而是要回归到最本质的标准规范秩序，要从井然有序到混序，从追求稳固和固化，到追求相对稳定和动态平衡，从相对单一的形态到多样化的形态。

未来生态型团队一定呈现出多种形态，如平台化、网络化、矩阵状、蜂巢化，或者多种形态共存于一个团队内，所以未来团队形态不是单一的，是在相对稳定的平台上流动的个体要素，随需而变，随情境而变，不断调整，不断实现动态平衡。一句话，未来的团队是动态的、混序的，而不是固化的。

7. 开放聚合，跨界融合

开放是生态型团队的基本属性，越开放，越能吸收宇宙能量。万物为我所用，我能与万物连接，才能不断使团队如有机体般与环境交互能量，吸纳生长营养。

聚焦是开放的前提，生态型团队更要强调做好本分，做好自己；强调竞合共赢的新竞争规则体系，要转变从"盯着对手打、不是你死就是我活"的直线性的竞争思维，以生态思维打开理念和认知边界，合作不设界限，保持创造、创新活力，形成新的竞争优势。

8. 自然生发、自我驱动

未来生态型团队创新的火花不知道会从哪儿来，今天的创新可能会引发一片森林。创新是生态型团队的核心特征。这种创新要培育自演进的创新系统，很多创新来自末端，而不是来自顶层。重构团队与人的关系，从相互雇佣关系到合伙关系，去掉威权和戒律对人的创造力的约束，呼唤人以自律得自由，打破部门墙。并且企业团队要有足够的包容性，要有容错的机制。

未来团队可能会朝着这八个方面去发展，但是叫不叫生态型团队，还有待实践的检验，也可能叫网络团队、细胞式团队，或者丛林式团队，名称是暂定的，但是未来的发展走向，确实需要不断演进。

第二章
管理型团队的常见问题

◇留人难：团队成员流失率高

正确的用人、留人方法是团队领导者成熟的主要标志，也是团队领导者能否将团队引航前行，在市场经济的汹涌波涛中驶向胜利彼岸的关键条件。人才就是效率，人才就是财富，管理之道，唯在用人，人才就是团队的根本。可是，在很多管理型团队中，成员流失严重，存在着"留人难"的问题。

一天，一只兔子在山洞前写论文。一只狼走了过来，问："兔子，你在干什么？"兔子回答："写论文。"狼又问："什么题目？"兔子回答："《浅谈兔子是怎样吃掉狼的》。"狼哈哈大笑，表示不信，于是兔子把狼领进山洞。过了一会儿，兔子独自走出山洞，继续写文章。

一只野猪走过来，问："兔子，你在写什么？"兔子回答："写论文。"野猪又问："题目是什么？"兔子回答："《浅谈兔子是如何吃掉野猪的》。"野猪不信，于是同样的事情再次发生。

最后，在山洞里，一只狮子在一堆白骨之间，满意地剔着牙读着兔子交给它的论文，题目为《一只动物，能力大小关键要看你的老板是谁》。

兔子不小心将这件事告诉了一个朋友，消息逐渐在森林中传播。狮子知道后非常生气，告诉兔子："如果这个星期没有食物进洞，我就吃你。"于是，兔子继续在洞口写论文。

一只小鹿走过来："兔子，你在干什么？""写论文。""什么题目？""《浅谈兔子是怎样吃掉狼的》。""哈哈，这个事情全森林都知道，你别糊弄我了，我是不会进洞的。""我马上要不干了，狮子说要找个人顶替我，难道你不想让这篇论文的作者由兔子变成小鹿吗？"小鹿想了想，终于忍不住诱惑，跟随兔子走进洞里。过了一会儿，兔子独自走出山洞，继续写论文。

一只小马走过来，同样的事情再次发生。最后，在山洞里，一只狮子在一堆白骨之间，满意地边剔着牙边读着兔子交给它的论文，题目是《如何发展下线动物为老板提供食物》。

时间飞快，转眼之间，兔子在森林里的名气越来越大，因为大家都知道它有一个很厉害的老板。兔子开始横行霸道，瞒上欺下，没有动物敢惹它。它时时想起和乌龟赛跑的羞辱，于是找到乌龟说："三天之内，来见我老板！"说完，它扬长而去。

乌龟难过地哭了，后来遇到一位猎人，乌龟把这事告诉了猎人。猎人听完后哈哈大笑！于是，森林里发生了一件重大事情——猎人披着狮子皮和乌龟一起吃兔子火锅。地下丢了半张纸片，上面歪歪扭扭地写着：山外青山楼外楼，强中还有强中手啊！

在很长一段时间里，森林里又恢复了往日的宁静，兔子吃狼的故事似乎快要被大家忘记了。不过，一只年轻的老虎在听说了这个故事后，被激发了灵感。它抓住了一只羚羊，对羚羊说："如果你可以像以前的兔子那样为我带来食物，那我就不吃你。"

羚羊无奈地答应了老虎，老虎悠然自得地进了山洞。可是三天过去了，也没有见羚羊领一只动物进洞。老虎实在饿坏了，出来看看情况。羚羊早已不在了，老虎异常愤怒。正在它暴跳如雷的时候，突然发现了羚羊写的一篇论文，题目是《想要做好老板首先要懂得怎样才能留住团队成员》。

如今在市场上，很多企业人员之间的关系就是狮子和兔子的关系，如何合作相处或不被竞争者吃掉也是一门很深的学问。布局决定胜局，团队的能力大小关键看布局，布局不好，团队成员和领导者本事再大也难以成气候。另外，对领导者来说，要想留住团队成员，就要努力成为像狮子一样的人，提供机会让团队成员成长，赋能团队成员，让他们有留下来的理由。

团队经营的本质是从无到有，从小到大，而这个过程就是"人"将资源整合的一个过程。在市场经济的条件下，团队之间的竞争是决策水平和人才素质的竞争，核心竞争力就是团队成员。由于种种原因，企业经常在招人和留人方面面临种种困难和挑战。究其原因，简单概括就是，团队特点和求职者需求的矛盾。

一、求职者关注的问题

求职者关注的问题常常集中在以下四方面：公司实力、待遇薪资、老板和公司经营理念、学习发展的机会。大公司拥有强大的平台，人力资源体系很完善，公司发展方向也相对明确，吸引力显而易见。比较起来，中小企业在人才引进和发展方面处在竞争的不利地位。

二、中小企业的特点

中小企业通常都具有以下两个特点。

（1）很多中小企业规模小，资金实力有限，工资的制订主要是根据企业的经营状况和财务状况，缺乏对相关劳动力市场的界定。亚当斯的公平理论告诉我们，一个人在自己岗位上工作不仅会思考收入与付出的比率，还会将自己的收入与付出与别人做对比，确定自己所得是否公平。如果感到不公平，他就可能产生离职意向。

（2）成熟的大企业可以遵照 HR 流程行事，刚成立的小公司不需要专职 HR。只有处在发展期的中小企业，既缺乏成熟的人力资源流程体系来实现管理，又需要 HR 人员的支持，才需要专职 HR。裙带关系、家族企业，招人不易，留人更难，使这些企业急切地盼望建立和睦的劳资氛围。

三、"巧妙"搞定薪酬问题

改革开放以来，我国中小企业发展迅速，但是人才流失成为影响企业发展的大问题。人才流失的原因涉及人力资源管理的很多方面，但是薪酬问题一直是人才流失的重要原因之一。中小企业的薪酬管理中还存在很多不完善的地方，使团队成员流失严重。因此，想要留住人才，首先就要攻破"薪酬"硬伤。

1. 用感情留人

对小企业中的多数团队成员和大企业中的核心团队成员，可以用感情留人。感情留人在一定阶段，特别是企业发展的特殊时期，有特殊作用。但感情留人不是长久之计，合理的薪酬体系才能体现对人才的尊重和认可。

2. 设计薪酬系统

薪酬设计的基本原则是：内部公平性、外部公平性、激励性、可行性。在理解这些原则的基础上，通过薪酬技术，达到一定的薪酬目标。好的薪酬体系只有团队成员接受，才能发挥应有的作用。薪酬设计的基础是工作分析和工作评价，通过周密的调查，确定各岗位在团队中的价值，做到对内公平和对外公平。"对内公平"要解决管理层和普通团队成员、骨干与非骨干之间的心理平衡；而"对外公平"要参照具体岗位在社会上的平均价值，跟社会均价大致相当，最好是略高一筹，以保持竞争力。

3. 与企业发展战略结合起来

无法将薪酬体系构建与企业发展战略有机结合起来，就不能使团队成员把自己的努力和行为集中到帮助企业在市场中竞争和生存的方向上去，不能使团队成员和团队确立共同的价值观和行为准则。如此，不仅会耗费大量的人力、物力和财力而留人效果甚差，还无法补充和增强其他人力资源子系统的作用，如人员选拔、培训和绩效考核等。

4. 给员工提供好的福利

福利，是指企业向团队成员提供的除工资、奖金之外的各种保障计划、补贴服务和实物报酬。可以把福利设计成非普惠性的，让团队成员通过努力来获得福利报酬，即基于业绩和能力的动态福利计划。如此，既能节约成本，又能实现激励作用。不同团队成员有不同的需求，如果制订的福利与团队成员的需求脱节，就达不到福利的目的，所以企业制订福利套餐计划时，可以让团队成员在一定范围内选择适合自己的福利套餐，即自助式福利。

四、中小企业留人的其他对策

如果企业既没有打造好"硬机制"和"软环境"，或目前还没有一定知名度，可以采取针对性、灵活性的"留人"方法，从选人、育人、用人及留人等几个方面着手，逐步建立起完善的人力资源管理体系。

1. 重视有潜力的新人

经验丰富的高质量人才未必待得长久，反而容易造成企业人力资源的不稳定性。与工作经验相比，团队成员的工作方式、工作态度，尤其是发展潜力对团队来讲更为重要。同时，新手一般都比较年轻，精力旺盛，学习效率高且作风谦虚，可以脚踏实地地工作、学习，为团队的发展及个人的发展予以更多的关注和投入。

在挑选这类人才的时候，有几方面因素可供参考：①同等能力和潜质下，放宽学历要求；②招聘一些不错的应届毕业生；③综合素质较好，但目前仍处于职业积累阶段的人才，因为这类人的职业规划和公司发展战略要求较一致，在成长过程中势必对企业产生更好的价值，当然他们在成长过程中也会不断加深对企业的认同度；④比较踏实，追求稳定。

2. 重在人才的内部培养

人才的外部挖掘能够保证团队即时的需要，为团队带来活力，可是成本过高，同时也不利于调动团队内部人员的积极性。内部培养一方面对团队成员有激励作用，所培训和提拔的团队成员对企业比较熟悉；另一方面管理成本相对较低。不过需要注意，这种培养的内涵是广义的，不仅仅是专业知识、技能的培养，还要重视团队成员对团队归属感的培养，这样才有助于提高人才对团队的特异适应性和团队人力资源的稳定性。

3. 建立科学合理的机制

团队应积极创造条件，营造尊重知识、尊重人才的良好氛围，还需对各级各类人才进行定期或不定期的考核评价，并根据不同岗位的特点和人才的层次与类别，按照定性考核与定量考核相结合的原则，建立各类人才的考核制度。具体来说，可以分三步走。

第一步：探求和关注人才思想动态。多方面、多角度地了解和探求他们真正的关注点、需求点，通过各种沟通方式与他们保持密切的关系。

第二步：重视人才的需求并尽力满足。从思想上给予重视，同时要落实到行动上，即探究满足人才需求的方法和策略，把人才需求当作他们遇到的问题和困难来解决，使需求不再成为困扰人才的问题，让人才专心致志地工作。

第三步：探求和满足应循环往复。人才的一个需求点满足了，会产生另一个需求点，所以人力资源管理者要不断地探求人才新的需求点并及时地给予满足，留住人才，最终形成团队的核心人力资本。

4. 重视情感管理

情感管理是文化管理的主要内容，是一项重要的亲和工程。"没有满意的团队成员就不会有满意的顾客"，这是现代企业管理者的共识。勤能补拙，同样"情"也能补拙，因此要使团队成员切身体会到一种归属感和责任感，将个人发展与企业发展融为一体，让他们心甘情愿地为团队贡献智慧和才华。

情感管理注重团队成员的内心世界，核心是激发团队成员的正向情感，消除团队成员的消极情绪，通过情感的双向交流和沟通来实现有效的管理。感情管理激发的深层次的内在精神动力是相当巨大的。

◇不主动：团队成员工作不积极

不在于团队成员做了什么，关键在于团队成员做对了什么！职场中，很多人因为不能正确理解这句话，失去了很多发展的好机会，如下面这个案例。

领导让两位团队成员分别联系来访客户时。

团队成员A费劲地联系上了对方，迅速回复领导："客户说下午过来。"老板问："具体是几点钟？几个人？用什么交通方式过来？"团队成员A都回答不上。

团队成员 B 联系的时间比较久，但是回复是这样的："客户下午三点到公司，一行 5 人，晚点安排行政人员去接机。建议把他们安置在公司附近的酒店，方便他们考察。"

团队成员 A 和团队成员 B 都做了同样的事情，如果来评判的话，相信多数会认为团队成员 B 做得更好。因为对任何人的评判多是以结果为导向的。努力真正产生价值的时候，是它会产生一个好结果的时候。有价值的努力，前提是主动。两位团队成员之所以会收获不一样的结果，就是主动和被动的不同。

所有取得大成功的人，都拥有开放的、发散的思维。可以这样理解：有着发散性思维的人，比别人更加懂得如何通过主动让自己获得成长，因为主动可以让努力变得更有价值，只有努力有价值，团队成员才能获得大成功。因此，想要让团队获得大成功，就要让团队成员养成主动的好习惯。

在一个团队中，同一个岗位一般是有几个人在做。但是同样的工作，由同样素质的不同团队成员去做，却会出现截然不同的结果，为什么？主要还是因为团队成员是否主动去工作。是团队成员不想主动工作吗？不是。

新团队成员在刚开始的时候都是愿意主动工作的，但是由于一些领导者没有对团队成员明确工作职责和目标，有些虽然将工作职责和目标告知了团队成员，但是没有对此进行跟踪管理，导致团队成员对此目标不清或产生歧义。管理层对下属控制不放，让下属在工作的时候束手束脚，或者是让下属在工作中感到没有了期望，就会让团队成员放弃主动工作的想法。

要想提高团队成员工作的积极性，就要从人性的角度来激发。

1. 让团队成员了解工作的意义

很多团队成员都认为工作的目的就是赚取金钱，因此当团队成员获得理想中的薪酬时就会停滞不前。实际上，工作的意义远不止如此，工作同样是个人能力提升的一种历练，同时会因为工作业绩上突出的表现获得他人的尊重，提升个人影响力；对那些想创业的团队成员来说，工作还是扩展人脉的一种手段。因此，让团队成员了解工作的意义以及对个人未来发展的影响，可以帮助团队成员树立正确的工作态度。

2. 培养团队成员对工作的兴趣

团队成员只有对工作真正感兴趣，从中获得快乐，才能竭尽全力把工作做好。要想让团队成员把工作当成兴趣，就要给予团队成员完全自由发挥的空间。基层团队成员通常最了解产品和市场，经常在这方面迸发新鲜的创意。所以，让团队成员自由发挥，为团队成员提供一定的支持，不仅能够让团队成员为团队创造价值，也能让他们以愉悦的心态投入到工作当中去，并将工作当成一种兴趣。

3. 为团队成员提供发展的机会

团队成员希望通过工作获得肯定，因此团队首先不要吝啬于为团队成员提供发展机会，应通过培训来挖掘团队成员的潜力，调动团队成员的积极性，提高团队的竞争力。另外，管理者的选拔要给团队成员更多的机会，以内部培养选拔为主。当团队成员充满期待地投入到工作中，自然就会更加努力。

4. 打造良性的竞争环境

莎士比亚曾说过，庄严的大海能产生蛟龙和鲸鲵，清浅的小河里只有一些供鼎俎的美味鱼虾。舒适的环境只会让人安逸，失去进取心，要想让团队成员都能够成为"蛟龙"和"鲸鲵"，就要让团队成员之间存在一种良性的竞争关系，通过优质竞争，使整个团队充满竞争力。

5. 用荣誉激发团队成员的热情

团队都希望团队成员在集体荣誉感的驱使下努力工作，但在现代社会，集体荣誉与个人荣誉从根本上来说是一致的：个人荣誉是集体荣誉的体现和组成部分，集体荣誉是个人荣誉的基础和归宿，因此要想让团队成员拥有集体荣誉感，就要通过个人荣誉来换取团队成员的认同感，进而激励团队成员努力地工作。

6. 培养团队成员的危机感

危机感是一个人成长的动力，也是进取心的源泉。一个人失去了危机感，就会安于现状。华为2009年的年销售额超过300亿美元，已经成为全球第二大移动设备供应商，但任正非仍然高喊"华为的冬天要来了"。正是在这种危机感中，华为不断成长，并成为中国企业的典范。

7. 保持平等公正的沟通

与团队成员保持相互沟通是激励团队成员的重要方法之一，尤其是平等、公正的沟通，更能让团队成员感觉到自己受到重视。

◇培养难：难以培养出优秀人才

很多团队领导者在培养下属的过程中，都觉得非常头疼，花了很多精力和时间，效果却不是很理想。让我们来看看下面这个故事。

笼子里关了三只猴子，笼子顶部有个水龙头，水龙头上有根香蕉，猴子每次拿香蕉，水龙头都会喷水。开始关进去的三只猴子都想吃香蕉，但经过多次喷水被淋后，三只猴子就不想吃了。

后来又放进去三只猴子。它们也想吃那根香蕉，原来的三只猴子受到牵连，被水淋了。三只猴子进行了分工，各自看好一只新来的猴子，但由于个体体能差异，新猴子反抗后，还有去拿香蕉的。但多次被淋透后，新来的猴子也不想吃香蕉了。

于是再放进三只猴子。新进去的猴子看笼子里面的猴子都不去拿香蕉吃，开始也不拿，最后实在按捺不住准备去拿香蕉，其他六只猴子不约而同地一起按住了新来的猴子。这样反复多次，虽然新进了三只猴子，但笼子里的猴子没有再被淋过，因为新来的每次想要去拿香蕉都被及时有效地阻止了。

在培养下属或新团队成员的过程中，如果团队力量或团队文化很强大，如同上面故事中有六只猴子维护香蕉的局面，那么依靠老团队成员的行为就能影响新团队成员，培养新成员也会很轻松愉快。但事实上，很多团队并不是六只猴子面对新来三只时的局面，而是三只对新来三只或一对多的局面，外来文化和行为习惯的博弈充满了整个工作过程和工作环境。作为团队领导者，如何改变这种局面呢？

1. 选择引进最合适的人才

选人是人力资源中的一件大事情。选人必须符合一定的标准和原则，选择最"合适"的人才，而非"优秀"的人才。在选人过程中，应从四个方面进行考虑：需要什么职责选什么样的人；专业性越专越好；学习性强、反应快，有一定创新能力；忠诚、敬业、团结、认真负责，敢于承认错误和能及时改进。

2. 协助团队成员完成职业规划

只有团队发展壮大，团队成员才能过上好日子。团队要协助团队成员完成人生职业规划，如工作知识及专业技能的提高，工作待遇的提升，从低级的岗位或职务向高级的岗位升迁，从简单工作向复杂工作过渡，以及实现自身价值，等等。团队成员有了奋斗目标，就会发愤图强与团队共命运。

3. 建立内部人才培养机制

平时应根据岗位的要求和团队成员的实际情况，给团队成员提供适当的培训机会，并鼓励团队成员学习与工作相关的知识和技能。另外，随着团队的快速发展，新设备新技术的投入运用，会产生新的培训需要。团队应对培训需要进行科学的分析，选择最优的方法和途径去满足这些需要，如建立和完善企业内部人才培训机制，有系统地制订人才培训计划，有落实，有检查，有经验总结推广，使团队成员觉得自己每一天都在成长。

4. 定期进行知识技能培训

如今，科技发展日新月异，知识和技能的更新速度非常快，要随时掌握本行业最新的专业知识，定期对团队成员进行专业知识培训，使他们始终站在本行业专业知识的最前面，更好地为生产服务。同时，还要加强非专业化知识技能的培训，如安全、管理等，使团队成员全面发展成长为既是专业能手又是安全生产和经营管理的能手。

5. 加强新团队成员的培训并评估

对新来的人员，首要的是定规矩，要按照团队和岗位的要求进行系统培训，直到工作行为和绩效稳定方可结束。另外，招聘要循序渐进，上一批人员培训没有达到要求时，就不能招聘下一批人员，否则新人员的外来张力会破坏原来团队的规矩。

6. 关注团队成员态度，注重品行

对待工作要求及工作本身的态度，是做好工作非常重要的因素，可以直观观察出来。积极的工作态度事半功倍，会感染他人；消极的态度事倍

功半，会传染他人。对于每个岗位，都能提炼出一些基本职位品行，如人力资源工作者至少要具有公正、高尚、慎重、诚实等品质。在培养下属的过程中，若忽略岗位的职业品行培养，则需要花十倍的精力去督察或纠偏，领导者只能扮演"扑火队员"的角色。

7. 重视团队成员工作行为的培养

工作行为是执行力的直接体现，日常行为也体现了内在素质，没有好的工作行为，一定不会有好的工作结果。指导工作行为很重要的一个环节就是加强对工作流程的管理，对岗位工作中涉及的工作流程要梳理一个，固化一个，直到覆盖完岗位工作的内容，然后交给下属按照流程进行操作。当然，流程并非一成不变，要定期评估，及时调整和修改。

8. 考察团队成员的知识结构和技能

对于新下属，最好安排一位导师指导新下属的基本工作，这是很多团队忽略的。在布置工作的过程中，要先易后难，根据成长的速度，逐步安排工作；要对完成和理解指令的正确性进行评估，然后根据独立完成情况来决定放权程度。如果发现知识方面有缺陷，要帮助新下属补短板。

9. 完善内部人才梯队建设

团队经营是人的经营，更是人才的经营。人才建设的关键是做好人才梯队的建设，因为只有这样，团队才能够像人类延续生命一样永续经营下去。人才梯队建设是一项相当有系统、有规划的综合管理工作。

◇不齐心：缺乏有效的激励机制

很多时候，人与人之间的关系都是相互的，扯皮争斗，只能是两败俱伤，只有互相配合，团队协作，方能共同繁荣！下面这个故事说明的就是这个道理。

一家公司陷入了管理颓势、销售业绩滑坡的困境，市场占有率下降，人心涣散，团队成员流动频繁。为了摆脱这种僵局，公司请来了一位管理顾问做诊断。经过一段时间的调查了解、取证分析后，这位顾问终于发现了问题的症结所在。

有一天，他像变戏法似的拿出一副扑克牌，牌面上有各种漂亮的图案。他将在场的公司团队成员分成两组，请A组每人从中选取自认为最好看的两张牌；又请B组每人选取两张红桃，并对点数做了明确的要求。最后，他请两组人员把牌亮出来。

于是，出现了以下的结果。

A组：黑桃2、方块A、黑桃8、梅花Q、红桃3

B组：红桃A、红桃K、红桃Q、红桃J、红桃10

这位顾问向站在一旁的总经理问道："张总，你看出什么问题了吗？"张总摇摇头，一副迷惑不解的样子。

顾问说："两组的结果完全不同，A组是一副杂牌，B组却是一手红桃同花顺。为什么会这样？因为，A组并不明确他们共同的目标和任务，只是按照各自不同的审美观和喜好选牌。显然，他们每个人的做法都是个人行为，个人行为与个人行为的混合，便是'乌合之众'，这样的组合涣散，没有力量。B组则不然，他们有明确的目标，并乐于达成这个目标。清一色的同花顺，构成了有一定杀伤力的牌局。如若拿着一副杂牌去打对手的同花顺，行吗？当然不行。"

说到这儿，顾问看了看张总，又说道："目前贵公司恰似A组手中的那副杂牌，人心不一，大家自行其是，任意所为，缺乏团队合作意识和协作精神。如果贵公司不尽快扭转这一局面，是很难获得成功的啊！"

正所谓"人心齐，泰山移"。人心不齐的团队，根本就算不上真正的团队，充其量只是一群乌合之众，当然任何事都做不成。只有团结成一条心，拧成一股绳，才会无往而不胜。

高效团队具有强大竞争力的根源，不在于成员个体能力的卓越，而在于成员形成的整体合力十分强大，其中起最关键作用的，就是那种弥漫于其中、无处不在的团队精神。团队精神的形成并不要求团队成员牺牲自我，相反，挥洒个性、表现特长保证了成员共同完成任务目标，而明确的协作意愿和协作方式则让成员产生了真正的内心动力。

工作是人生的重要部分，每个工作者都生活在团队中，团队能否顺利发展，取决于成员是否努力。强化激励机制以充分调动人的积极性为目标，是团队领导者做好工作的基础。实践告诉我们，激励机制的形成，是实现人本管理的重要途径，具有不可忽视的作用。

激励是提高人的工作效率的需要。研究表明，每个人工作效率的大小取决于能力和激励两个因素。能力与激励的关系，实质上就是能与干的关系。"能"是指人是否具有做好某项工作的能力和资格条件；"干"是指人有没有干劲,有没有积极性、主动性、创造性。在能力相同的情况下,干劲越大,热情越高,工作绩效就越高,反之亦然。因此,团队领导者要激励下属人员,让每个人员都成为骨干。

在生产力的诸多要素中,人的要素具有较大的可塑性。一旦这种能量释放,活力将极大增强,但这种潜能能否被挖掘出来,取决于激励是否有效。团队刚组建时,一般都会面对资金短缺、人才匮乏、资质较低等困难,领导者要想方设法迎战困难。在人才资源上,必须坚持内部培养和外部引进相结合,对成绩突出的团队成员要敢于大胆提拔和使用。

一、运用激励手段的原则

激励的目的是调动积极性。人的积极性产生于自身的需要,由于受人们的主观认识和客观环境的制约,积极性总是处于不断运动的状态之中。因此,在实施激励手段过程中,要掌握积极性的运动规律,应遵循以下原则。

1. 大胆引进竞争机制

竞争是一种不以人的意志为转移的客观力量,既是市场经济的内在要求,也是激励机制的本质所在。因此,在实施激励的过程中,要巧妙运用竞争机制引导团队成员的行为方向与实现总目标一致起来,在既坚持公平竞争又能很好地相互协作的基础上,挖掘出团队成员的潜能。

2. 综合使用各种手段

人们某种行为的目的总是具有不同程度的多种需要愿望和期望的驱动,如果目标尚未达到,则可能强化或修正原来的行动动机;若目标已经达到,需要得到满足,则可能产生新的需要和行为动机。根据这一特征,为了有效完成这一过程,在实施激励手段时,应根据具体对象的实际情况和主观条件,采取多种激励手段,多管齐下,达到最佳的激励效果。

3. 选择最佳的激励时机

对团队成员的激励要与时俱进，必须及时、适时，也就是说要审时度势，选择适当的时机、最佳的时期实施激励手段。选择最佳时机对人进行激励，必须建立在充分了解激励对象的个性追求、周围环境与激励对象影响群体的共同期望目标的基础上，通过对团队成员的心理分析和把握，了解到他们需要什么、渴望得到什么，从而及时对他们进行定向激励的引导。

二、激励的基本方法和主要内容

激励行为的方法和内容有多种形式，通过广泛运用后越来越显示出神奇的魅力。从当前企业实际情况来看，可采取以下几种激励方法。

1. 榜样激励

领导者严以律己、率先垂范，起到表率和模范带头作用，对下属人员将产生极大的影响作用。"其身正，不令而行；其身不正，虽令不从"就是强调领导行为对下属的影响作用。因此，要想激励员工，就要做到与团队成员三个"一样"，即任务一样分配，收入一样考核，奖罚一样兑现。同时，对工作中的难点、热点问题都亲自负责带头抓，出现问题或不能按时完成目标任务，首先追究领导者自身责任，给团队成员树立榜样，增强团队成员的责任感。

2. 竞争激励

竞争激励可以消除团队成员消极等待、观望攀比的心理，通过竞争，既可人尽其才，才尽其用，又能让每名团队成员都产生危机感，激发团队成员的活力，提高工作质量和效率。同时通过团队的内部竞争，使团队成员之间、部门之间产生压力，团队成员就会发挥主观能动性，想方设法将压力变为动力,时时把自己的命运同工作责任联系起来,形成强大的合力。

3. 制度激励

科学合理的规章制度不仅为团队成员提供了行为规范、社会评价标准,还与团队成员自觉遵守规章制度,实现自我约束、自我规范等密切相关。根据实际工作需要,制订规章制度和实施办法,在执行中严格按规定进行考核,领导者和团队成员一个样,自觉接受监督,保证制度的严肃性。

4. 形象激励

良好的团队形象能形成强大的向心力和凝聚力。团队形象好,团队成员就会为自己在这样的团队工作而产生极大的自豪感和满足感,增强向心力,不断推动团队各项工作事业的进步与发展。

5. 目标激励

设置适当的目标,能够激发人的动机,调动人的积极性和创造性。在制订目标时,让广大团队成员参与,不仅能使他们看到自己的价值和责任,一旦达到目标,他们还会获得一种满足感,迸发出极大的工作热情。

可见,运用激励机制加强人本管理,不仅有利于激发团队成员活力,调动一切积极因素,还能凝聚人心,鼓舞士气,对推动团队的健康协调发展起到重要作用。

◇发展难:团队成员发展受限

团队成员对于团队来说意味着什么?团队成员就是团队的一个最小作战团队,最小作战团队如果有活力、有驱动力,团队就有活力。一个人有的叫梦想,而一个团队有的叫理想。领导者要做的就是把团队的理想和个人的梦想连接起来,而起连接作用的就是关注团队成员的成长。

领导者在了解每个团队成员的梦想是什么之后,要结合团队的理想,给团队成员一个机制去实现梦想,让团队成员为了自己的梦想进行自我驱动。自我驱动的力量是巨大的,如果领导者能够让团队中的大部分人自我驱动,那么就是成功的领导者。

小李和小刘是大学同学,各方面的条件都差不多,毕业后进入两家公司,做的工作性质类似。差异就从这时候开始了。

小李一进公司,领导就安排了一个资深的师傅一对一地带他,有什么问题,他都可以问师傅。除了业务辅导,公司还会专门抽出一些有难度的、适合三个月完成的项目给他做,从而在此过程中他能完整地体验到公司的项目开发流程。师傅除了辅导他完成公司的任务,还教会他如何思考、如何成长。

另外,直系领导会安排小李接不同的项目,难度呈梯度增加,这样小李就能不断地接触到新技术,积累更多经验,成长速度自然不必多说。

除此之外，领导还会定期找小李聊天，基本上都是围绕着小李是否遇到了困难和问题。如果是，领导会提出建议甚至安排资源帮助他。同时，领导还很关心小李的职业规划和发展，对目前/未来的工作内心的想法，等等。

一年之后，小李已然成了公司的技术骨干。在一次例行的聊天中，小李提出可以用公司现有的技术和资源来做一些公益项目，既不会耗费公司很多资源，又会彰显公司的社会责任。领导很感兴趣，对小李表示支持，于是审批立项，让小李做了项目负责人。

小李从小有一个公益梦，上大学的时候就多次到山区支教，当了项目负责人更是干得起劲，带领团队到山区考察、对接政府等，项目开展得热火朝天，大见成效。因为这个项目，公司还得到了市里"企业社会责任奖"，公司的产品也更得到了消费者的认可。

小李升职加薪，对团队更有信心，对未来的规划更清晰，每一步都走得坚实有力。

小刘到了新公司后，上手项目不算太容易，但是他非常努力，每天都加班到很晚，几个月后已经能熟练地处理业务了，工作也没之前那么辛苦。

之后的一年，小刘的工作任务依旧是重复之前的东西，每天做着相同的工作，工作变得很无聊，且止步不前。除了工作之外，小刘没和领导聊过几句话。其他同事情况也都差不多，工作按部就班，给活儿就干，不给活儿就闲着。

两年下来，小刘发现自己除了手里的这点东西之外，其他的什么都没有，跟应届生没有太大的差距。应届生只要几个月就可以赶上小刘，拿出相同水平的东西。结果，小刘开始怀疑自己的能力，因为和领导沟通不了，所以只能选择辞职，在迷茫中重新找工作。

为什么两人会有如此大的差距？由一群"小李"组成的团队和由一群"小刘"组成的团队，之所以战斗力有着天壤之别，关键是领导者给团队成员创造的"自我驱动"成长环境和机制不一样。领导者有责任帮助团队成员不断地离开"舒适区"，不断地打开成长边界，还要不断地给团队成员创造锻炼能力的机会，这样团队就会慢慢地显示出不一样的战斗力。给团队成员提供一个不受上限的成长环境和机制，团队就能得到一群虎将和出乎意料的高绩效。

在团队成员职业生涯规划上，团队的首要任务是动态地创造职业发展空间，以空间激发团队成员自我发展的动力，以机制促进团队与团队成员和谐发展。团队成员个人的发展机会，取决于团队发展空间的大小。

一、团队成员职业发展，团队肩负更大责任

要想让团队成员不断成长，就要引导他们规划好自己的职业发展之路，提高他们的责任意识。

1. 规划人，培养人，对团队负责

无论是快速发展的团队，还是亟待发展的团队，都难免遭遇人才危机。业务蒸蒸日上，人才顶不上，只能放慢步伐；市场唾手可得，人才不到位，只能错失良机。人是战略之本。管理大师谆谆告诫，制订战略时，必须考虑是否拥有实施战略的人。立足于快速变化的时代，在预测明天、规划战略的同时，团队必须规划和培养未来支撑战略的人才。

2. 培养人，发展人，对团队成员负责

规划人与培养人，并不是一种很功利的团队行为。在团队中工作与发展，在团队中创造价值与获得回报，也是满足人的归属、社交、尊重等需

求的过程。在某种程度上,团队成员发展与团队发展本质上是一致的。但团队相对处于强势的地位,培养团队成员和发展团队成员,应该成为团队不可推卸的责任。团队成员下岗或失业既会伤害个人和家庭,也会引发团队的不稳定,因而对团队而言,培训、培养和发展团队成员是一种责任。

二、创造职业发展空间,激发团队成员自我发展

1. 职业生涯规划的指导原则

职业生涯规划的指导原则主要体现为:①引导团队成员更多地关注团队的发展,关注团队发展过程中可能产生的新的工作机会;②引导团队成员更为客观地认识自己,在团队中找到更合适自己的职业机会和发展机会。因此,职业生涯规划的核心工作,就是建立团队动态的职业发展机会图。

职业发展机会包括:团队发展过程中产生的新的工作机会,团队发展过程中对现有工作赋予新的职责,等等。团队不仅要关注纵向的发展空间,如职位晋升、专业资格晋升等,还要关注横向的发展空间,如职位轮换、职责调整等。

2. 建立团队的网状职业发展空间

如何将职业生涯规划做实?基于职位族平台,设计团队成员职业发展体系。所谓的职位族,即在理解团队战略与分析价值流程的基础上,依据职责("事")和素质("人")的相近性,将团队所需要的工作和人划分为几类。

纵向上,每个职位族类都可以建立起分层级的发展空间,如管理类的职务晋升通道,各业务类的专业发展通道;横向上,在不同族类之间,可以建立转换和迁移的通道。从素质角度,分析人员的转换和迁移度,合适者纳入族类层级的后备人选。纵向横向上有个交叉点,是团队对未来变化

进行预测而虚拟的新职位，如一个新的复合型职位，需要具备两个职位族类某某层级的素质与经验。这样就形成了一个网状的团队成员职业发展空间。

在团队管理实践中，有一种有效的培养管理者的方式，即选拔有发展潜力的人员，有意识地进行横向的轮岗锻炼，使之具备多个关键业务和职能领域的经验，逐步站到团队战略和系统的高度，认识、理解和把握事物，从而正确地决策、准确地执行。这种方法之所以有效，不仅因为团队对后备人才培养的重视和投入，还有一个重要原因，就是后备人选对个人的未来发展充满着期待，而这也将自发地驱动他们自我成长与发展。

纵向的职务或专业层级晋升和横向的工作转换和迁移，使个人拥有了重新选择适合自我发展的机会，这本身就具有不小的激励性。成功的团队可以运用网状的职业发展空间，激发个人的主动性、进取心和事业心，而绝非一厢情愿地去塑造人。对于职业发展空间，团队不能简单地施以静态管理，而是要面向未来、面向市场，加快自身的发展，为团队成员提供更大的发展机遇。

3. 促进团队成员与团队的和谐

团队向团队成员打开了多种可选择的发展通道。仅仅关注纵向上的发展通道是不够的，向上晋升的层级毕竟有限，团队成员也不可能在一个层级里停留太久，尤其是已经处于高层级的人员。当团队为团队成员提供了更多的发展机会时，就是在鼓励并牵引团队成员与团队共同成长。

给予团队成员横向上的发展机会，有助于提高团队成员满意度和敬业度，而且不会增加团队的人工成本。相反，由于团队成员非常乐意从事另外一个族类的工作，还可能降低人工成本。团队成员更看重新工作带来的新挑战和新感受，而这恰恰能满足个性化的心理需求。

纵横交错的发展机会，有利于培育一批团队融合度高、业务经验全面的人才。更重要的一点，团队对未来即将出现的全新的职业机会，提前做好分析、规划、设计，作为网状职业发展的组成部分，能对团队成员产生极大的牵引作用。在跨部门的合作中，更多的团队成员会主动地相互学习，积极地开展团队合作。

当然，仅有职业发展空间还不够，还要建立相应的管理机制，包括人才甄选评估、人才竞聘配置、人才晋升与发展等。当团队与团队成员处于和谐状态时，团队或许不必花费更高的培训成本去培养人，因为团队成员为了做好工作，会主动学习，提前做好知识和素质的准备。

◇执行难：团队制度无法正确执行

关于团队执行力，有这样一个案例。

老板让团队成员去买复印纸。

团队成员离开，买了三张复印纸回来。老板大叫："三张复印纸，怎么够，至少要三摞。"

团队成员出去，买回三摞复印纸。老板一看，又叫："你是B5的，我要A4的。"

团队成员离开，一个星期后，买了三摞A4的复印纸回来，老板骂道："怎么花费了一个星期才买好？"团队成员回答："你又没有说什么时候要。"

为了买复印纸，团队成员跑了三趟，老板气了三次。老板会摇头感慨："团队成员执行力太差了！"团队成员心里说："老板能力欠缺，连个任务都交代不清楚，只会支使下属白忙活！"

为什么曾经一起挤地铁、租房子的人，几年之后差距特别明显？为什么大多数国企干不过私企？为什么很多企业不到五六年就倒闭了？很大一部分原因就是执行力不到位，混日子的人太多。

不管对团队还是对个人来说，执行力差，都是一场灾难。领导安排一项工作，团队成员总是打折扣地完成，反正都是在这里混日子，多一分钟舒服就是赚的。久而久之，就是团队的衰败，然后裁员，本以为能端一辈子的饭碗突然碎了一地，人到中年，这样的打击何其残忍。

其实，多数人的条件和资质都差不多，真正的差距在哪儿？在行动上、耐力上和执行力上。没有执行力，再好的计划也是纸上谈兵。

一、团队执行力差的原因

在团队中，由于下级的工作没按时完成，经常有上级批评下级执行力差，那么一个团队执行能力差的主要原因是什么呢？

1. 团队成员不知道干什么

有的公司没有明确的、能够落实的战略规划，没有明确的营销策略，甚至没有年度营销大纲，使团队成员得不到明确的指令；有的公司营销策略不符合市场需求，团队成员只好自发地进行修改；还有一些公司政策经常变，策略反复改，再加上信息沟通不畅，使团队成员感到很茫然，只好靠惯性和自己的理解去做事。这就使团队成员的工作重点和公司要求脱节，使公司的重要工作不能得以执行或完成。

2. 团队成员不知道怎么干

很多团队，成员要么没有培训直接上岗，要么培训没有针对性和实操性,如有的公司对团队成员做励志培训和拓展训练,使团队成员热血沸腾,但还是不知道工作怎么干;有的公司给基层团队成员做一些行业趋势、宏观战略的培训,也还是没有交给他们工作的方法。

当然,这里面还有一个比较普遍的深层次原因,就是中高层领导业务能力差,自己不知道怎么干,就没法对下面的人说清楚。总监说不清,经理也说不清,最后是真正执行的最基层员工不会干,有苦说不出。

3. 团队成员干起来不顺畅

如果士兵在前线打仗,后勤给养供应不上,通信中断,请求支援但是指挥部没有反应,负伤了得不到快速的救护,那么士兵的斗志显然就会受到很大的影响。

公司亦然。2000元的促销费用要给经理批,经理批完总监批,总监批完副总批,副总批完财务批,财务批完老板批。结果总监出差耽误了15天,副总出差耽误了15天,财务不懂业务,搞不懂这笔钱该花不该花,也不想去求证,就把这事搁置了1个月,最后这笔钱终于批下来了,但是用了3个月,已经不需要做促销了。申请者一开始要不断地解释为什么花这笔钱,然后又要不断地解释为什么不花,或者是花了但效果不好又要编造一堆理由,热情被消耗,慢慢地就变得不主动做事了。

4. 团队成员不知道干好有什么好处

古代作战时,如果一座城池久攻不下,攻城的将军一般会下一道命令:城破后3天内士兵可以随意烧杀抢掠。结果士气大振,一天城破。

很多团队大都有对团队成员的激励措施,尤其是对销售更是必不可少的。但是在制订激励政策时往往犯一个错误,就是把政策制订得太过复杂,使团队成员很难算出来下个月自己花多少精力达到什么结果就能拿多少奖金。这样就使激励政策的作用大打折扣。

销售永远都是只看眼前的,这是工作性质决定的,当眼前的好处看不到时，销售自然就没有太大的兴致去工作。

5. 团队成员知道干不好没坏处

如果只有"城破后3天内士兵可以随意烧杀抢掠"的承诺而没有"当逃兵立斩"的规定，肯定会有一部分士兵找机会开溜，从而动摇军心。知道干不好没什么坏处来自于三个方面：一是没有评估；二是考核指标不合理；三是处罚不重或没有处罚。

很多部门的工作成果不适合用硬性的指标来考核，如财务部、市场部和后勤部，很难设定直接的评价指标，这些部门的工作就需要懂业务的高管根据经验评估。如果高管没有能力做出公允的评估，内驱力不强的团队成员就可能懈怠工作。

考核指标不合理是很多团队最常犯的严重错误，突出表现在定性指标太多，诸如团队精神、创新能力、忠诚度等五花八门。这些指标的考核带有太多的人为因素，而实际生活中又偏偏有一个共性的现象，就是"业务能力强的人往往不太听话，不干活的人往往人缘比较好"，这会造成什么后果呢？不干活的人照样能够获得很高的综合评分，个人利益不受影响。

处罚不重或没有处罚也比较常见，有的是亲缘、血缘、地缘关系，能放一马就放一马；有的是自己的人，当然不能处罚；有的虽然是民企但是保留着国企作风，你好我好大家好。当罚而不罚，严重破坏了游戏规则，要知道"好榜样的力量是无穷的，坏榜样的危害也是无穷的"。

二、提高团队执行力

团队一直在说执行力，执行力既反映了团队的整体素质，也反映出领导者的角色定位。领导者的角色不仅仅是制订策略和下达命令，更重要的是必须具备执行力。执行力的关键在于通过团队文化影响团队成员的行为，因此领导者很重要的角色定位就是营造团队执行力文化。应该如何实施呢？下面来具体说一下。

1. 认同文化

就是认同团队的文化，并掌握该团队历史沉淀下来的好的工作方法、做事原则、信仰追求，概括来说就是认同团队在发展过程中所有精神和物质财富的总和，在此特指精神财富。

2. 统一观念

就是针对世界观和价值观取向问题。一个团队的价值观不统一，无从来谈凝聚力。让你的团队成员与你具有相同的价值观，让他们成为你工作流程中的关键领域，这样你的团队成员就会以团队为荣，并充满自信和快乐地将执行力进行到底。

3. 明确目标

就是明确我们将去哪里。这个目标是符合SMART原则的，即目标是具体的、可衡量的、具有挑战性的、切合实际的和有时间限制的。目标是团队和执行者得以发展的动力所在，没有目标的团队会在市场的大潮中成为泥沙被淘汰出局。明确的目标是执行的方向，同时也是执行力前进的牵引力。

4. 细化方案

细化方案是解决通过什么方法达到目标的问题。策划方案确定后必须要配备执行细案，即执行工作的标准和规范，要保证团队成员做正确的事，并把正确的事做正确。

5. 强化执行

就是强制性地去干、去做。思想对头了，价值观统一了，又明确了目标，还有系统的方案可以去操作，如果不干，一切为零。要建立检查体系，通过目标体系书、工作计划达成表、月度绩效考核表和过程质量控制表等工具行使监督职能。要求团队成员按照既定的流程和标准去做好工作中的每一项细节工作。

6. 严格考核

团队要体现公开、公正、公平的"三公"原则。考核制度、激励制度是规范行为、激励战斗力的有效手段。

第三章
现代企业需要打造赋能型团队

◇赋能型团队具有自主性

说到团队的力量,很少有人会想到蚂蚁军团!因为蚂蚁的个子很小,几乎任何动物都可以一脚踩死它。但是,只要无数蚂蚁团结一致,就能战胜体重比它们大成百上千倍的大象或者狮子。

山上长满了茂密的杂草和荆棘,一位老农上山开荒。砍到一丛荆棘时,老农发现荆条上有一个蚂蚁窝,足足有箩筐那么大。老农无意中推倒了荆条,无数蚂蚁蜂拥而出。他立刻将砍下的杂草和荆棘围成一圈,点燃了火。火势越来越旺,蚂蚁四散逃命,但不管往哪个方向跑,都会被火墙挡住。

在火焰的吞噬下,蚂蚁占据的空间越缩越小,眼看就要遭遇灭顶之灾。突然,老农看到火墙中冒出了一个黑球,开始的时候只有拳头般大小,接着不断有蚂蚁黏上去,最终变得篮球般大,蚂蚁全部抱成一团,向外围滚去。外层的蚂蚁被烧得噼里啪啦,蚁球逐渐缩小后,终于越过火墙滚下坡去。

老农看着焦黑的蚂蚁尸体,被深深地感动。

如果蚂蚁都只顾自己逃生,结果会如何?蚂蚁为什么会有团队精神?至今科学家还不知道其中的奥秘。

蚂蚁虽然软弱无力,却能团结一致,摆脱危机,这就是团队的力量。这里没有强迫,只有主动!

赋能型团队会具有自主性,做想要做的事,能够自动自愿地去做事。

一、赋能型团队的自主性体现

赋能型团队的自主性,主要表现在下面几方面,如表3-1所列。

表3-1 赋能型团队的自主性表现

表现	说明
目标性	成员共同负责一个团队目标,坚信这一目标包含着重大的意义和价值。团队成员被这个目标紧紧地凝聚在一起,个人的目标被融入到团队目标之中。在赋能型团队中,大家都愿意为团队目标的实现贡献力量。共同目标是保证团队工作有效性的一个基本条件,是保证个人目标实现的前提,也是对团队工作考核的依据
技能性	赋能型团队在形成和融合的过程中会聚集起一组有较好能力的人群,不仅掌握着全面的专业技能,还具有良好的人际交往能力,保证了沟通顺畅;同时,还具有较强的发现和解决问题的能力,具有决策能力,能够更大限度地发挥成员的自觉性和责任感。并且,团队成员还能通过不断学习和培训,增强团队完成目标的能力和价值
依赖性	在赋能型团队中,通常会把整体目标分解成个人目标,个人目标的实现往往要依靠其他团队成员目标的实现,团队成员之间有着强大的依赖感,促进了团队的协作,增强了凝聚力
自主管理性	赋能型团队中,团队成员承担了很多以前由领导者承担的工作,会对整个流程或产品负责,包括完成目标的计划、团队、领导、控制等各个环节,完全由团队成员自己管理,并承担责任。通常他们的责任范围包括:计划和安排工作日程;分配工作任务;总体把握工作步调;做出操作层面的决策;对出现的问题自行采取措施;直接与客户沟通;等等。甚至,还能自己挑选成员,并进行绩效评估
自主学习性	赋能型团队不断发展的过程就是团队成员不断学习的过程,团队成员通过不断学习和培训,弥补彼此之间的技能差异,并不断提升,继而具备自主管理的能力,整体提升团队的能力

续表

表现	说明
自主领导性	赋能型团队已经模糊了领导者的概念,没有明确的领导者,每个成员都是领导者,有更多的自治和决策的权力,但在实际中,这一角色常常在团队融合过程中已经确定
自主负责性	赋能型的干预比较少,团队成员被赋予了足够大的决策权和管理权,团队能够对任务或目标的完成担负责任,并将责任分解到每个成员身上
良好的沟通性	赋能型团队没有上下级别,所有成员都在一个平等、开放的平台上沟通信息,能够消除矛盾、冲突,让团队成员达成一致。特别是在解决问题和方法创新方面,良好的沟通平台更具优势

二、建构赋能型团队的自主管理文化

赋能型管理是一种文化,团队成员心系团队、参与管理的文化,也是团队管理追求的最高目标。对于团队来说,为了确保团队持续发展,不断细化团队管理内容、不断增多考核内容,团队成员的工作积极性就能得到提高。为了提高团队成员的主动责任心,就要提高团队成员的自主管理意识,进而形成团队的自主管理文化。

1. 营造浓厚的氛围,进行长期的意识养成教育

自主管理不是空喊出来的,不可能做到一步到位,要经历一个循序渐进、不断创新、不断提高、呈螺旋形上升的过程。而这个过程建立在严格管理的前提下,通过潜移默化不断积累,从而增强团队成员的意识。

2. 大力推行制度文化

纵观团队管理的历程,大致可分为三个阶段:初期的经验管理、体系认证以后的制度管理与目前推行的文化管理。有人说经验管人累死人,制度管人管一阵,文化管人塑造人。自主管理作为文化管理在本质上是柔性管理,讲求人性化和灵活性,但不能因此否定硬性制度的作用。制度作为团队文化的一种表现和补充形式,是团队管理的必要手段。当制度内涵未

被团队成员认同，只是怕被考核而被动地执行，这项制度充其量只是领导者的文化，对团队成员来说，只是外来约束；当制度内涵已被团队成员从心理上接受并自觉遵守时，制度就变成了一种文化。

3. 多加宣传，让制度变成空壳

如团队推行一项安全管理措施，制定制度，进行大力的宣贯、执行、持续改进，时间长了，团队成员从心理上接受了这一制度的内涵，制度变成空壳，留下的就是团队成员主动执行、主动参与、主动改进的文化，而且团队成员在彼此相互影响之下，个体产生从众行为，对违反制度就要被考核达成了共识，这样共同的价值在团队中会形成一种无形的压力。个体发现自身行为和群体不一致时，会感受到一种心理压力。这种心理压力有时比权威、命令的效力大得多，更易改变个体行为，使个体行为与群体行为趋于一致。

4. 打造好的自主管理文化

团队成员个人自主管理意识的提高，必将促进团队自主管理水平的提高。采取评比奖励政策，就能形成团队意识和团队之间的竞争意识。团队意识、竞争意识对评比标准的公平性、合理性、全面性、可操作性的要求越高，团队成员越会主动参与到管理中，查找评比标准中的不合理的条款，反过来促进专业管理部门不断完善检查标准，提高各项检查的质量和水平，使各项检查更加合理、量化，逐渐形成自主管理文化。

◇赋能型团队具有成就感

成就感本质是一个人内心的体验,既取决于每个人自身的体悟,又很容易受到外界评价的影响。领导者在培养团队成员的成就感方面,起着重要作用。同一件事情,使用不同的处理方法,结果会有天壤之别。

例如程序员费尽九牛二虎之力,好不容易解决一个技术难点,兴奋地向团队领导者汇报。团队领导者可能会有以下两种反应:一种是"这么简单,还做这么久?碰到问题怎么不向我汇报";另一种是"做得不错!愿意跟我分享一下你的心得吗"。

这两种处理方式的结果可想而知。前一种将会大大打击团队成员的积极性,如果他今后不配合领导者的工作,也是情理之中的事情——反正我干得再好,也会被你打击,没意思。而另一种则能保护和激发团队成员的成就感,他会更加乐意与领导者沟通,也会因为领导者理解他、懂得欣赏他,而更愿意服从。

由此可见,领导者的一言一行都会对团队成员产生正面或负面的影响,因此管理团队时必须要言行谨慎,千万不要做出打击团队成员成就感的事情。

有位老教授退休之后买了一栋花园别墅,期望过上清净的晚年生活。入住后才发现,有群孩子每天在窗下玩耍,吵得他不得安宁。

老教授计上心来,出门对孩子们说:"你们每天在这里辛苦玩耍,为了表扬这种行为,我会每天给你们每人10元钱,麻烦你们一定每天来玩。"听到每天玩耍之外还有10元奖励,孩子们越玩越开心。

10天过后,老教授愁眉苦脸地对孩子们说:"最近经济不景气,对不起,只能每人5元了,希望你们继续玩下去。"就这样,老教授隔三岔五降低奖励金额,孩子们嘴上不说,但心中有所不满,直到某一天,老教授居然每人只给1元钱。

孩子们的愤怒彻底爆发:"老教授太不像话了,怎么能这样对我们?我们这么辛苦地玩,居然只给我们1元,以后我们再也不来这里玩了!"

这是负激励的经典案例,孩子们在游戏中获得的越来越少,越来越没有成就感时,自然就不愿意再继续玩下去。这个故事给了我们启发:对于团队而言,让团队成员获得成就感就是对他们最大的激励。

一、成就感——真正的激励因素所在

马斯洛需求层次中,将人类需求像阶梯一样从低到高按层次分为五种,分别是生理需求、安全需求、社交需求、尊重需求和自我实现需求。人之所以为人,就是因为他们在最基本的生理和安全需求被满足之后,还有被需要、被欣赏、被认同的需求,并从中体现自我价值,释放内在激情和快乐。所以这也就是为什么一个人失业之后依靠失业保障生活,虽然不愁吃穿却依然感到不幸福。为什么有的人在谈到工作给他带来的自豪感时,变得快乐而充满激情?从社会维度来说,工作带来社会身份、地位,从而获得身份认同;从社群维度来说,人要有归属感,与同事一起探讨、交流、学习,一起工作的过程本身就会成为一种享受;从经济维度来说,工作带来的收入,对团队成员而言是尊严、面子和生活保障。

有这样一个问题:"在过去的工作中,你在什么时候、什么阶段状态最好？举三个例子分析一下是什么原因让你们满怀激情？"很多人回忆起来，通常会提到工作意义、赏识、提升、成长的可能性、责任、成就感等激励因素，却很少谈及工资、福利、地位、安全、工作环境等保健因素。在导致团队成员满意的全部因素中，有81%是激励因素，有19%是保健因素。在工作中，团队成员更在意的是成就感的获得，这是对于他们工作的最大激励。团队成员因为做自己想做的事，并能够做好想做的事，因而具有满满的成就感。

二、赋能型团队成员的成就感

赋能型团队中，领导者要学会保护和培养团队成员的成就感，需要做到以下几点。

1. 让团队成员深信工作的价值

有人问三个石匠在做什么，第一个石匠说："我在谋生。"第二个石匠一边打石子一边说："我在做全国最好的琢石工作。"第三个石匠眼中带着想象的光辉仰望天空说："我在造一座神圣的大教堂。"同样做的是石匠活，第三个石匠显然会更有成就感，他的工作也会更有动力。

不是每个团队成员都能像第三个石匠那样认识到工作的价值。事实上，团队成员对于工作的认识很大程度源于团队领导者的介绍，或者团队领导者有意无意透露出来的信息。如果团队领导者认为工作简单、不重要，团队成员也自然会认为工作没有价值，只会对工作敷衍了事。相反，如果团队领导者把项目视为一件重要、神圣的工作，团队成员自然就会充满干劲。因此，为了激发团队成员的成就感，团队领导者必须要让团队成员深信工作是有价值的，或者具有重要的意义。

因此，团队领导者不要再说项目不重要，也不要说事情很简单。这对领导而言可能只是一句无心之言，但对于项目组却可能是毁灭性的打击。

2. 及时表扬团队成员

许多团队为了激励团队成员，制订了各种奖励措施，如加薪水、发奖金、评优秀、升职等，大部分奖励都需要老板"放血"，也正因为如此，这个措施不能经常进行。其实，还有一种不需要花一分钱又可以随时进行的激励措施，即表扬团队成员，或者称之为赞美。

团队成员的士气就像自行车的轮胎，骑久了就会瘪下去。每次表扬相当于给团队成员打一次气，经常给团队成员打气，"轮胎"就会保持饱满的工作状态。

团队成员是一个非常需要及时表扬的群体，一般很感性，工作也比较单调，生活比较封闭，一次真诚的赞美对他们起到的激励作用胜过千百句语重心长的教导。

3. 给团队成员满怀期望的激励

美国心理学家罗森塔尔在某学校做过一个心理实验，他随意从每班抽3名学生，共有18人，他将这些人的名字写在一张表格上，交给校长，极为认真地说："这18名学生经过科学测定全都是智商型人才。"事过半年，罗森又来到该校，发现这18名学生的表现的确超过一般人，长进很大，再后来这18人全都在不同的岗位上干出了非凡的成绩。

这实验告诉我们，管理者期望团队成员变成什么样，团队成员就有可能变成什么样。因此，团队领导者应该注意给团队成员正面的期望。团队成员能感觉到领导者对他寄予的厚望，会因此加倍努力，希望不会辜负领导者的期望。在这个过程中，他们的主动性、积极性和创造性都会充分发挥出来，达到目标的可能性也会大大增加。

对于项目中的新团队成员，有些领导者会认为"他水平很低，什么也不懂，不能给他安排什么工作"，有的领导者则认为"他的潜力很大，很快就可以融入团队，胜任项目的工作"，两种不同的期望，会导致截然相反的结果。前者可能会真如领导者所说的，长期在项目中无所事事，无法融入团队，沦为给其他人打杂的闲杂人员；而后者则很可能迅速成长，成为项目中的骨干。

4. 让团队成员参与到管理中

只有专制蛮横、自信过头的团队领导者才会认为管理是自己一个人的事情，真正凝胶型的团队应该让团队成员参与到管理工作中来，从而真正发挥团队的智慧，并激发每个团队成员的主人翁精神，使团队成员获得成就感。让团队成员参与管理最重要的是建立一种互动式管理机制，即让团队成员参与进来，听取不同的声音，做出科学的决策。

5. 对团队成员多一些宽容

团队要允许团队成员失败，允许团队成员达不到目标。对于团队成员存在的问题，领导者不能一味批评，求全责备，而应该帮助团队成员分析原因，找到解决的方法，从而让他们在失败中学习成长。

当然，适当批评也是必要的。批评团队成员前，应先对团队成员表现出来的亮点，如工作态度、方法、已取得的成果等进行认可，保护他已有的成就感，然后再就事论事地进行分析。

◇ 内心强大则团队强大

团队成员有成就感，领导者给予积极的支持，让团队成员更容易建立信心。

内心强大的团队成员，不怕经受痛苦，既能坦然面对已经发生的事情，也能积极面对将要发生的事情。如此，建立的团队也是强大的。赋能型团队的成员内心都是强大的、坚不可摧的。

1. 高度自律

高度自律是一种怎样的体验？孤独，寂寞，但充实。重点在于充实。

今天回想起来，很多人都异常怀念考研之前的那段自律时光。

每天六点起床，然后晨读，再去图书馆，有课就去听课或旁听，接着再去图书馆，直到闭馆回寝室，看书到晚上十一点，准时休息。每天早出晚归，其实很孤独，但也有收获。在大家都焦急讨论论文选题的时候，你已经写了两万多字，并最终顺利完成了论文。答辩的时候，导师还夸你的论文即使参加博士答辩也能通过。

你身边不是没有诱惑，如同寝室的人看电视剧放松时，大冬天大家都赖在被窝里不起床时，周末别人出去逛街看电影时……但你都没理会，坚定地做着自己的事。

只有内心强大的团队成员才有如此定力，才能排除外界对自己的干扰或诱惑，按照原计划有条不紊地进行。

2. 勇于尝试

作家大冰曾经写过一个关于朋友老兵的故事。

老兵是一个战士，在一场战争中遭受敌军轰炸，抢救回来后，定为二级甲等伤残，全身瘫痪，终生卧床。军委嘉奖他为一等功臣，让他终身疗养，享受正团待遇。瘫痪四年后，老兵的上肢力量慢慢恢复。有天夜里睡觉，他迷迷糊糊中挠破了肩胛处的皮肤，抠出一枚弹片。半睡半醒间继续抠，抠得床单上鲜血淋漓，天亮时居然抠出一瓶盖的弹片。结果，奇迹发生了，他站了起来。更令人震惊的是，仅花一年时间，老兵就恢复好了身体。之后，他舍弃了自己拿命换来的一切，两手空空出去闯荡。

对勇于尝试的团队成员来说，没有不可能。内心强大的人，勇于尝试，为了突破自己，不会因为害怕失败而踌躇不前，不会因为害怕结果而犹豫不决。相反，他们会大胆地去做自己想做的，越是具有挑战性便越觉得刺激。

3. 有清晰的人生目标

小美一直在做文员，清闲自在，可是老公嫌她赚得不多，让她去做销售，理由是工资高还有提成。

小美觉得有道理，就去了。可是，由于缺乏经验，又遭到老团队成员的排挤抢单，小美大半年都没有开一单，最终被公司辞退。因为年纪的缘故，小美再去找工作，受到质疑，被拒绝，备受打击。她很迷茫，不知道自己该干什么，也不知道自己适合干什么，整天都处于焦虑不安中。

没有清晰目标，被打击后内心不够强大，就容易迷失自我，找不到方向，只会陷入干着急的旋涡中，走不出来。内心强大的团队成员，永远对未来充满希望，不管道路有多崎岖，生活有多艰辛，他们始终都会坚定地向自己的人生目标努力，不愿放弃。

4. 自我治愈能力强

说到自愈能力，我曾经的一个学生李薇的故事值得分享。

李薇来自浙江农村，是他们那一辈中最小的孩子，家里重男轻女，几个哥哥只顾着上学，她不仅要上学，还要做农活。每天累死累活的，她没有埋怨过谁，有时候觉得委屈会偷偷抹眼泪，过后又继续努力。

每次说到曾经的那件事，我都替她感到伤心难过：结婚前一天，她的准丈夫竟然跟同事厮混,被抓了个现行。结果,她不但婚没结成,还成了他人眼中的笑柄。

我原本以为遭受这么大的打击,李薇可能要很久才能走出来。大哭一场后,她没吃晚饭,早早睡下。大睡了两天,到了第三天,她又跟个没事人一样。我问她是不是伤心过度,她说这种人不值得伤心太久,幸亏发现得早。

这个就是极强的自愈力。内心强大的团队成员,遇到难处或遭受打击会给自己积极的心理暗示,不沉湎于过去,而是活在当下,活出自己。

5. 不断保持成长

内心的强大源自对自身实力的肯定。一个人的实力,要经历一个从无到有、积少成多的汇聚,只有突破自我舒适区,团队成员才能不断提升自己,才可能变得更加强大。

◇团队与团队成员是命运共同体

大项目切分成小作业单元,就能形成一个个小赋能组织,形成高效的灵活性,使小团队也能构成大团队。

在赋能型团队中,只有合伙人,没有员工,团队成员与团队之间是合作关系,而不是雇佣关系,这是形成命运共同体的重要保证。在团队中,团队成员就是股东,就是领导,团队成员是在为自己干,而不是为老板干。团队成员与团队之间不再是利益共同体,而是命运共同体。团队成员有共同的目标，大家力出一孔，把各种摩擦和阻力降到最低。

  在刚创业时，华为就形成了一种"床垫文化"。刚创业时的华为人，工作起来没日没夜。他们累了就趴在桌上，或在地上找张泡沫板、纸板，席地而卧，睡一下，醒来接着干，每天都加班到很晚。有时候加班，刚睡着，货车就到了，他们就立即起来。无论是很重的蓄电池，还是机柜，卸完才能睡觉。很多团队成员都以办公室为家，有的人甚至一连几天都没下过楼，就连外面天阴天晴、下没下雨都不知道。

  任正非工作起来很拼命，他把事业看得比家庭还重要，也鼓励团队成员拼命工作。即使是现在，华为团队成员加班的现象也很普遍，并且很多成员都是自愿加班的。

  华为的"床垫文化"反映出了创业初期的艰辛，而"床垫文化"作为华为顽强拼搏的精神流传了下来。如今，华为的每一名团队成员都有一张床垫，不是为了在公司过夜，而是团队午休时使用的。虽然华为不鼓励团队成员加班，但会创造一定条件，让团队成员乐于加班。如每个月为团队成员卡里打入800元钱，供他们在公司内部吃饭购物；团队成员晚上加班到八点后，有免费夜宵；加班到十点半后，打车回家的出租车票由公司报销。在这种措施下，很多刚入职的单身年轻人很乐于加班。

  不可否认，华为的成长进步和所有华为人的努力分不开。

  在团队里，老板都希望团队成员有强烈的主人翁意识，把团队当成家，但是往往事与愿违，为什么？答案很简单，因为企业是老板的，老板知道自己的所有努力终将会得到回报。但是团队成员不会这么想，团队成员一般都会认为自己是打工的，干好自己的本职工作就行了，别的不需要考虑。如此，就造成了团队成员与老板不是一条心，也不会把团队当成家。

那么，如何让团队成员真正有主人翁意识，把团队当成家呢？要让团队成员与团队成为命运共同体，实现团队成员与团队同呼吸、共命运，就要让团队成员意识到自己为团队所做的任何事情都是为自己做的，都会有回报，这样才能让团队成员真正把团队当成家，做起事情认真负责。

军队中的团队就是一种命运共同体，一场仗打下来，是死是活，都在一起。团队与团队成员在利益方面也是息息相关的，许多实例证明，优秀团队都成功地构建成了团队与团队成员的命运共同体。

马云说："团队成员离职，主要有两个原因：一是钱没给到位，二是感到委屈。"积极性是团队成员的心、团队的根。如何调动团队成员的工作积极性，使团队成员在工作中尽心尽力、自觉自愿、心系团队，赢得对团队的认同感和忠诚度？最重要的就是解放思想，改变认识。

很多团队成员认为，团队赚钱了也就是福利待遇有保障，赔钱了也就是奖金或工资少发点，团队的好坏与他们无关。针对这种情况，领导者应让团队成员对团队的重大管理决策有发言权、参与权，提升他们的主人翁地位，让他们意识到团队的发展好坏直接关系到自己的切身利益；另外，领导者要树立双赢观，以互利互惠为原则，把团队成员的个人利益放到与团队发展需求同等重要的位置，让团队成员与团队共同奋斗、共同受益，使团队成员情愿与团队同呼吸、共命运，如此团队和团队成员之间就形成了有机的命运共同体。

◇天生我材必有用

不管是个人,还是团队,自信心都非常重要。自信的团队、自信的成员可以专心致志,可以事半功倍。

自信心是一个人对工作、能力和其他各方面的肯定,相信自己可以做好工作。自信心对于每一个人来说是相当重要的,不仅是心灵成长的秘诀,也是工作办事有效的重要源泉。

赋能型团队的团队成员都是自信的。

1. 团队成员自尊、自爱

自信就是自尊心,是团队成员在消除了自卑心理后,对自己能力的再认识与认同肯定。真正爱自己、尊重自己的团队成员,才能从这种爱中获得足够的灵感,从而将这份美好的情感付出给团队。

洁身自好、自尊自爱的团队成员,能够处理好各种关系,能够赢得同事的尊重,即使在工作中出现了错误,也会虚心向同事请教,接受上司及同事的批评,表现出心胸豁达的一面,赢得别人的尊重与喜爱。当团队成员努力改正自己的缺点,工作中就不会再出现失误,不久就能获得升迁的机会,对工作也会更有信心。

领导者应该帮助团队成员树立自信心,要做好团队成员培训规范工作,贯彻规章制度,让团队成员赢得其他团队成员的尊重与认同。对于缺点多的团队成员,不能轻视或看不起,要正确认识团队成员的不足与缺陷，对症下药，帮助他们树立自信心。

2. 团队成员能感受到自己的重要性

每个人都渴望自己所从事的事情得到别人的认可与肯定，团队成员也不例外，他们总希望团队领导者把他看作是朋友，希望得到领导者对他工作的认可，而不想被人遗忘在角落。

身为领导者，不应当有这样的想法：他是团队成员，理应做事，我招他来是工作的，不是来听奉承的。团队成员的自我成长需要在一个能够受到关注与承认的氛围中得以实现。身为领导者，如果想让团队成员充分发挥潜能，必须让他们感觉到他们是团队不可缺少的一分子。团队领导者不能重视每一个团队成员，使团队成员感到自己在团队里可有可无、没有发挥自己才能的天地，便不会把工作当作事业去奋斗。

怎样才能让团队成员感觉到自己的重要性呢？总结出三点：一是喊出团队成员的名字；二是有事情多找团队成员商量；三是给团队成员一个拥抱，并给他大量的鼓励。

3. 平等对待团队成员，尊重团队成员

要平等对待每一位团队成员，要真正尊重团队成员，领导者就必须身体力行。

（1）用建议的口气下达命令。没有人喜欢被别人呼来唤去，领导者用命令的口气指挥团队成员做事，就等于是在向团队成员传递三条信息：第一，这个团队成员很笨；第二，他对团队并不重要；第三，他能力很差。作为领导者要认识到，团队中的每个人都很重要，尽管他们在工作业绩上有差异，但那些都是暂时的。

（2）给团队成员留面子。让团队成员保住面子，这点非常重要。在实际工作中，由于不冷静、考虑问题不周全、冲动等原因，有些领导者会采用某种处理方法，无情地伤害团队成员的面子，伤害团队成员的自尊，抹杀团队成员的感情，而自己却不自知，认为事情处理得很好。领导者只有温和宽容地待人，给团队成员在团队中立事做人的面子，才能促使团队成员更加积极努力地工作。

（3）给团队成员一个台阶。团队成员的提高与进步是无数次教训的积累。团队成员其实很脆弱，打击太多，很容易让他失去信心。

在一次提案的初审会上，小李兴致勃勃地带来了产品促销计划，他的计划构思非常新颖，但预算成本太高，而且有些活动的开展不符合实际。在他对报告做了精彩的陈述后，上司及同事立刻就意识到了提案的不可行性，纷纷提出质疑，小李因为自己对问题考虑不全面而羞愧万分。

负责计划实施的经理意识到问题的严重性，及时插言，结束了大家的讨论，将团队成员的注意力集中到了自己的身上。他对小李计划的可行性给予了充分的肯定，并亲自让秘书复制了两份备用。然后，又鼓励小李继续这项计划，把工作做完，并且建议小李把同事提出来的意见补充到提案中，同时还表示希望下次会上能够得到一份完整的促销计划。

（4）巧戴"高帽子"。几句赞美的话，可以增加团队成员的信心，团队成员觉得自己在上司眼里是很重要的一个人，便会更加努力地为团队工作。

4. 上级信任团队成员，委以重任

领导者无论口头上说得多好，如果不能身体力行，在团队成员看来就是一个只能说不能做的人。承诺的话兑现不了，时间长了，团队成员就会失去努力工作的激情。因此，领导者必须说到做到，既然说重视团队成员，就要把重要的工作交给他们做，既然信任他们，就应该放手让他们去创造。

与团队成员交往时，应该坦诚、直率；做决定时，应该有勇气，有胆

略；行动时，要果断、利落，这样才会成为团队成员效法的榜样。身经百战的领导者通常都能鼓舞团队成员，影响团队成员意志。对团队成员适时地给予引导，给他们提供实践与成功的机会，是领导者让团队成员提高自信、成绩的有效方法。

5. 工作氛围坦率、自由

要想营造坦率和自由的工作氛围，领导者可以从以下几方面做起，如表3-2所列。

表3-2 领导者如何营造坦率和自由的工作氛围

方法	说明
培养团队成员的勇于尝试	大胆尝试，即使失败了，还可以振作起来再去奋斗，这样终有一天会成功。那种喜悦的心情比尝试一次便成功获得的喜悦要大得多，因此要让团队成员树立自信心
营造坦率、真诚、自由的工作气氛	领导者的办公室应尽量离团队成员近一些，不要让所有团队成员都有一种"庙堂"之高的感觉。为了营造一种便于交流、协作的气氛，最好准备几块小黑板、几支笔、几个本子，便于圈定问题与及时讨论。这些事情虽然微不足道，但却牵动着团队成员的眼睛。同时，要让团队成员自由发表言论，阐述他们对问题的观点，鼓励团队成员提出自己的看法
管理要以人为本	团队的生存之本是人，这是每一位领导者的座右铭。领导者要树立一种观念：人才是团队最宝贵的资源，管理好了团队成员，其他问题都能迎刃而解。现行的金字塔形管理模式，不利于营造坦率、真诚、自由的工作氛围

综上所述，自信的获得有内因作用，也有外因作用，重要的是团队领导者必须为团队成员营造一种坦诚、自由的工作氛围，为团队成员树立自信、提高自信创造条件。同时，要坚持以人为本的观念，引导团队成员为了团队共同的发展目标而努力。只有让团队成员都充满自信心，团队才能士气高涨，才能不断发展壮大。

第四章
赋能型团队是什么

◇赋能的定义和缘起

如今,如保管理团队已经有了新的定义,就是"赋能"。这也是未来团队管理最大的问题。

一、赋能是什么?

国内最初刮起"赋能"之风,源于阿里巴巴总参谋长曾鸣提出"未来团队最重要的功能已经越来越清楚,那就是赋能,而不再是管理或激励"。"赋能"顾名思义就是给谁赋予某种能力和能量,通俗来讲就是你本身不能,但我使你能。

将"赋能"这个词用在管理学中,是指团队由上而下地释放权力,尤其是团队成员自主工作的权力,通过去中心化的方式驱动团队扁平化,最大限度发挥团队成员的才智和潜能。

如京东在2016年提出"授权、赋能、激活"的管理主题,其中的"赋能"就是赋能于人,让战斗在一线的人会决策、敢于决策,让更多的业务领军人才脱颖而出。

二、赋能的缘起

说起"赋能",就不得不提工业革命。

第一次工业革命:让全世界进入了"蒸汽时代",开始大规模地将热能转化为机械能;

第二次工业革命：让全世界进入了"电气时代"，本质上人类利用了电，学会了将机械能转化为电能；

第三次工业革命：让全世界进入了"信息时代"，是能效、社交、全球化的综合变革。

所以，归根结底：工业革命的本质是生产力的超级递增。

而第四次工业革命最显著的特色就是：实施"赋能"战略，协助团队、个人去成长。照前三次革命的趋势来看，以人工智能引发的智能化变革将是第四次工业革命的重头戏。

三、万物互联，催生赋能型团队

今天，大数据、云计算、移动互联网、物联网、机器学习等多种技术交织纠缠，互为驱动，正在催生一场深刻的、全方位的技术和社会大变革。

在工作中，个体更为自由。由于机器智能对简单脑力劳动的快速取代，人最高层次的价值——复杂智力和创新能力，成为这个时代最重要的竞争力。这是一个以人的主动创新能力为核心社会价值，以赋能创新为社会团队基础特征的创智时代。

创智革命，本质上就是人工智能释放和激发人的创新智能的革命，两种智能在交互和碰撞中激荡增值，螺旋式地提升智能生产力。人，也因此成为更关键、更不可替代的时代主角。

未来社会最有价值的人才，就是这样的创智者。他们具有柔适性心智，能够高效地与知识激荡，并将知识融会贯通到创新中。创智者是自我激励、内在驱动的，他们工作的最核心动力是创新带来的自我实现和社会价值。

创新是激情和灵感的碰撞，是创智人才主观能动性的激发，而非团队可以规划、设计、执行的产物。创智者的潜能只有在信息的高频交互和流动中才能最大限度地激发。以赋能创新为核心功能的未来团队，能够营建优化的平台、机制和环境，让创智者在团队内更好地协同和共创，以激发、实现和增速创新。

◇赋能型团队的七大特征

赋能型团队的核心特征是自下而上，激发每一名团队成员的内驱力，在尊重个人意愿与观点的基础上，共启愿景与价值观，形成团队整体。具体来说，赋能型团队有以下七个特征。

1. 自我驱动

团队向前的核心动力并不是来自外部，而是来自每名团队成员。团队行动不是来自自上而下的指令，而是自下而上的意愿。只有来自组织成员内心的渴望，才能激发出团队成员最大的热情与承诺，才有可能克服前行过程中的困难与挫折。传统团队像是老式火车，全靠车头带；而自我驱动型团队就像现代高铁动车组，每一节车厢都是动力源。

2. 求同存异

"和而不同"出自《论语·子路》。子曰："君子和而不同，小人同而不和。"这句话是指，君子之间在各抒己见的情形下，还能够保持和谐的关系。和而不同的团队强调团队形成相互信任的氛围，要尊重每一名团队成员的不同观点。在这样的团队氛围中，每个人都能坦诚地表达自我意见，不必担心受到他人的排挤与威胁。

3. 价值认同

观点有差异，但是团队还能形成整体与合力，关键在于团队成员的价值认同。团队成员发自内心地认同团队的努力方向，为客户及他人创造价值，并能在团队协作过程中相互合作，就能形成战无不胜的整体。

4. 观点多元

创新的一个重要基础是多元观点，对待同一个问题，能够从更多的视角与观点思考阐释，这是创新思维非常重要的前提。多元观点来自多元的背景与能力。因此，共创型团队的成员结构是多元化的，具有不同的学习背景、不同的能力、不同的工作经历、不同的性别与年龄。在这样的团队中，每名成员都是独立思考的个体，都会积极贡献自己的信息与认识。

5. 民主共创

赋能共创型团队与传统团队最大的区别就是决策过程的民主化，它是团队凝聚共识、智慧创新的必要条件。团队决策过程中，团队成员会充分交换各自观点和观点背后的假设，最终的决策能吸取大家的智慧，能取得真正的共识。这样的深度共识与承诺，是团队成员主动担当责任的重要保证。

6. 勇于试错

创新是充满风险的，僵化保守是无法实现真正突破的。主动性进攻必然有遭遇失败的可能，问题在于对待失败的态度。只有宽容失败，接纳失败，甚至视失败为成功的必要条件，才能让团队认识到只有积累足够的试错次数，才能探索出属于自己的正确道路。赋能型团队不仅允许团队成员犯错，还鼓励团队成员犯错，主动尝试，主动犯错，在犯错中学习，不断迭代，不断修正，靠近目标。

7.结果交付性

结果意识,让工作的意识不是做了或者在做,而是结果。以终为始,以终点为起点,去向目标进发,不是我做了什么,我干了什么,不是为做而做,而是结果。同时不仅仅是结果,而是可以交付给顾客的结果,是所有在交期内可交付性的结果。

◇赋能式提问的六个问题

赋能最根本的是发挥团队成员的思考能力,让团队成员思考,最有效的莫过于对团队成员提问,激发他们进行思考。

赋能式提问的六个问题如下所示:

(1)环境(when、where):工作进展如何?能否如期交付?

(2)行为(what):行动计划是什么?如何保证计划的如期实现?

(3)能力(how):如何保证目标实现?要实现目标,还需要提供哪些资源?

(4)价值(why):为什么要实现这样的目标?这样的目标对团队有什么价值?

(5)身份(who):希望成为什么样的团队?当目标实现时,团队是什么样子?你想成为什么样的人?

(6)愿景(we):我们想要实现什么?如果目标实现了,会看到什么?会给社会带来什么积极影响?

通过以上问题，帮助团队成员厘清当下的工作思路和未来工作的驱动力。

这六个问题可以分为两个层次：执行层与动力层。前三个问题属于执行层，后三个问题是动力层。执行层是领导者经常关注的问题，动力层是团队成员责任感和驱动力激发的问题。领导者要实现从关注执行层到关注动力层的转变。

管理学大师德鲁克说："企业可以雇佣一个人，但只有这个人自身能决定他为企业奉献10%，还是90%的努力。"学会为团队成员赋能，让团队成员成为自我驱动的引擎，就能成就自我，成就团队。

◇用赋能激活团队

在数字化管理时代，管理已经被赋予了新的含义。未来所有可标准化、可量化、可考核的部分都可以被机器人替代，唯一不能被替代的其实是人的自我创造能力，因而激活个体的活力才是管理的核心所在。一个团队或一个平台，只有激活内部所有成员的创造力和积极性，才能让团队体系有持续发展的动力。

一、团队管理的重点是赋能

一管就死，一放就乱，是传统团队管理中暴露最多的问题，造成这一后果最直接的原因就是将管理变成了管控，禁锢了团队成员的能动性和创造力。赋能团队成员是现代团队管理打开最为正确的方式，只有如此，才能激活人,才能激活团队。

如何把团队内的人激活,尤其是把优秀的人激活,是众多企业这几年一直努力的方向。怎么让人在团队中有意义?如果不把原有的人激活,就不能激发一个人真正的内在价值,也发挥不了平台真正的价值。同时,团队如果没有新的血液注入,就不会有持续创新的能力,就不会具备强大的市场竞争力。

管理不是管控,尤其对于相对开放自由的平台型团队而言,赋能管理更为重要。通过赋能方式,让所有的人都明确自己的目标和责任,通过透明化的信息系统、工作流程充分授权,实现有效沟通,就能在共享资源和相互赋能的过程中实现共同的目标。

二、激活所有人的创造力

只有激活团队中的每一个人,才能最终实现激活这个团队,这是新时代领导者必须具备的思维方式。缺乏这样的团队思维,就会直接影响到赋能型团队的价值打造。

在数字化生存时代,核心是为每一个团队成员创造平台和机会,而不是仅仅给团队成员一个岗位。今天仅仅给团队成员一个岗位已经没有意义,必须给他们一个平台、一个机会,让他们真正创造价值。个人创造价值的同时,也为这个平台的发展添砖加瓦。

"无为而治"并不是强调什么都不做,而是通过赋能引导的方式,让所有的人员都因地制宜,让所有的参与者都因人而异,充分激发大家的创造力,让大家基于愿景的内在价值驱动,通过目标、资源、利益等众多方式,将团队建立起来,凝聚成伟大的力量,实现伟大的梦想。

这个创造力,实际在很大程度上就是基于角色的设计。赋予了团队成员什么样的角色,他们就会逐步具备这个角色的责任与担当,而不能仅仅局限于他们的胜任力。同时，角色的设计还可以随着对象的成长而迭代升级，实现团队成员的价值提升，也是团队发展壮大的过程。

激发团队成员的创造力，就是赋能他们一种重要的表现形式。赋予他们新角色，赋予他们激发自身的潜能，最终激活了团队，推动了平台团队的快速成长。

三、构建赋能型团队的结构体系

要想构建赋能型团队的结构体系，就要关注以下细节。

1. 打造基于小团队的团队结构

大企业一般都规模大、人员多，形成了等级森严的科层制团队结构，在应对复杂的外部环境方面显得较笨拙，常会面临创业团队从边缘逐渐壮大并颠覆原有格局的危机，规模大与调整适应能力差似乎成了难以调和的矛盾。为了克服大企业病，越来越多的企业寻求打造高效执行关键任务的小团队，打造基于小团队的团队架构，核心是将小团体的优势发挥到大团队上。

具体而言，要着力打破森严的层级架构，减少管理层级，促进团队结构扁平化，改变信息的流向，从单向的自下而上与自上而下变为网状方向；下沉决策权力，赋予一线团队权力；打造团队平台，提供竞争舞台，建立内部竞争机制，直面市场，将市场压力和经营意识渗透到每一名团队成员的思想意识中；突破部门、专业的深井，建立起跨部门、跨团队的联系，建立互信和目标共享，将团队真正融合为一个整体。

2. 领导者积极赋能下属

上级对团队成员的影响是最直接的，团队赋能的职责必然要落实到领导者身上。在授权赋能的团队内，领导者对团队成员的指导比传统的层级团队要多，并善于把更多的选择权授予下属。赋能型领导意味着领导者要把团队建设、人才培养、绩效辅导等过去并未重视的工作提升到相当高的程度。

具体而言，领导者要创造激动人心的愿景并赋予愿景以意义，激励团队成员认同该愿景并为实现共同的理想而倾力合作；根据团队成员不同的成熟度实施权变式领导，采取"双眼紧盯，双手放开"的策略，提高领导行为的有效性；要善于智力激发，借助授权、参与、群策群力等方法引导成员创新思维理念，鼓励其不断挑战自我，提供舞台促进成员成长，整合所有成员的智慧；要有爱才之心，注重对团队成员的个性化关怀，帮助他们应对变革和挑战；要为团队成员提供工作支持与指导，创造并维系团队工作氛围，提供充分支持。

3. 提高团队成员的动力、权力与能力

团队成员既是团队赋能的客体，也是发挥能量的主体，因此赋能的最终落脚点是在团队成员身上。如何让团队成员感受到能量与支持，激发起他们内心赢得竞争的动机，提高他们创新与学习的能力，是赋能的关键。

（1）给团队成员压力。授权赋能，赋予更多的是对团队成员的信任，将高绩效、快速成长、果断决策的压力传递给团队成员，促进团队成员成长。

（2）激励团队成员。激发团队成员内在的工作动机，使团队成员认识到自己是受到团队信任和重视的，更加相信自己能够胜任当前和未来的工作。

（3）辅导与培训。授权的前提是团队成员有相应的能力来合理支配权力，科学做出决策。团队在授权赋能的同时，也要注重对团队成员系统的培养与培训，通过建立与各层级胜任素质模型相匹配的培训开发体系，及时提高团队成员能力，更大地发挥赋能的价值与作用。

第五章
赋能型团队首先要是学习型团队

◇从错误/失败中学习

这里有个关于 IBM 创始人沃森的故事。

下属搞砸了一个一千万美元的大项目,沃森把他叫过去。下属以为沃森要开除他,结果沃森说:"你开什么玩笑,我刚花了一千万美元来教育你!"这句话也就是说:失败了,不要紧!这个失败是你的一次教育,关键是你要从中学习。

其实失败了真的并不要紧,只要学会从失败中学习就可以了。从失败中学习,这是带团队很重要的一个技能。

一、从失败中学习

如何从失败中学习?简单地说,分为三步。

第一步,承认失败。承认失败听起来简单,做起来有时会有点困难。人们常常不愿意承认失败,而是千方百计掩盖错误,要想从失败中学习,首先就要承认失败。

第二步,重新定义失败。只有不把失败当失败,给失败一个重新定义,认识到失败是通往成功的一个阶梯,是一次试验,是一次实习……团队成员才能淡然处之,认为失败不要紧。这一步比上一步更关键。

第三步,反思失败。这一步又比上一步更关键。也就是不把失败当失败，如果能做到这一点，就会认为失败不要紧。

二、重新定义失败

如何重新定义失败，使团队成员不把失败当坏事呢？

可以让团队成员把失败当作人生正常的一部分，而不是反常的一部分。对于团队成员来说，就是把失败当作自己工作的必然结果之一，当作自己承担决策责任的正常的一部分。强生公司有一个 CEO 叫伯克，如今已经退休了。伯克更早以前是强生的中层经理，有一次搞砸了一个大项目，CEO 把他叫过去，他以为自己要被开除了。CEO 说："你之所以搞砸了一个项目，是你做决策的结果，经理人就是要做决策，做决策就会有成功，有失败。我不会开除你，我希望你将来继续做更多的决策。"接着，CEO 又说："如果你再犯同样的错误，我就开除你。"

可以把失败定义为善意的提醒。作为团队成员，如果你搞砸了一个一百万的项目，可以对自己说："太好了，幸好它如今发生了，而不是发生在我做一千万的项目的时候。它提醒我还有些技能我需要掌握，避免以后在更关键的时候犯错误。"

可以把失败定义为成功的步骤。据说发明家爱迪生发明电灯失败了一千多次。有人问他："听说你发明电灯失败了一千多次，有什么感想？"爱迪生说："我不是失败了一千多次，而是发明电灯用了一千多个步骤。"

可以把失败定义为上天的眷顾。失败的时候，身处逆境的时候，团队成员往往会抱怨上天为什么如此不公。如果从这个角度想一想，就能将失败、逆境看作是上天的恩赐。

可以把失败定义为一种反馈。没有失败只有反馈，反馈给你：这样做行不通，透过结果回头来看，需要调整什么，是多做了什么，还是少做了什么。即便是所谓的失败中，其依然有某些点是有效的。从结果来看，该在什么地方注意、调整,没有及时看到什么,如果再一次重新来过,会如何避免……这样每一次的失败才会变成一种成长。

◇跟成员学习

每个团队都很看重团队成员的学习能力,因为只有学习能力强的团队成员,才能为团队持续不断地创造价值,才能成为团队不可或缺的人才。身为团队成员,必须通过不断提高自己来提升自我价值,获得领导者的肯定,而提高自己的一个好途径就是向身边的同事学习。

每个人身上都存在着不同的优点,这些优点一旦被某个团队成员学习吸收,对他的工作就能提供极大的帮助。只要用心,就会发现每个人的身上都有值得学习的东西,若能从他们身上吸取优点,虚心接受他们的意见,弥补自己的缺点,让自己不断进步,团队成员就能成为了不起的人。

1. **从同事身上学习好的品质和做人的道理**

要鼓励团队成员多听多看,多熟悉职场圈子里的人和事,了解本行业的一些不成文的规矩,懂得职场中的一些潜规则,学会为人处世的方法和态度,成为职场赢家,不让自己成为不懂规矩的牺牲品。

2. **谦虚地向同事学习业务上的知识和经验**

同事肯定会在某些方面比你强,或在工作技术上强过你,或在职业技能上高过你,或在专业知识上超过你。优秀人才都具备良好的时间管理能力、有效的沟通能力、高度的服务意识等，要鼓励团队成员跟同事学习这些能力，大胆创新，从小事做起，在不断的实践和学习过程中积累，不断提升自己的工作水平。看不到他们的优点，不主动向他们学习，只顾埋头苦干，即使付出了大量的时间和精力，也无法成功晋升。

3. 学习同事先进的工作方法

要引导团队成员否定陈旧的工作方法，虚心学习一些有经验的同事做事的方法，提高自己归纳总结和消化吸收的能力。只要把别人的东西迅速转化为自己的能力，并最终运用到自己的工作中来，团队成员就能进一步得到提升。

向同事学习要注意以下几个方面。

在提出请求之前，要让团队成员先了解对方此时的情况，如对方工作忙不忙，是不是正在完成重要的任务，闲暇时间是否已经做好了其他的安排，等等，还要考虑平时拜托对方事情的时候对方的反应如何。只有考虑周全再拜托别人，才不会碰壁。

如果遭到拒绝，也不要记仇，要站在对方的角度理解对方，否则会影响人际关系。如果别人答应帮忙，就要虚心地接受别人的指教，认真看，认真想，不要在旁边指手画脚，不要连续拜托别人一些琐碎的事情。否则，只会让对方感到厌烦。

◇打造全员学习的氛围

团队要获得进步与成长，实现经营目标，就必须要提升团队核心能力，而团队成员的学习力是核心中的核心。因此，如何提升团队学习力，如何对团队进行高效的修炼，成为团队领导者必须关注的问题。在团队管理中，要采用系统性的学习规划、系统性的思考方法，使团队向学习型团队转变，成为学习型、作战型、高效型的团队。

这种转变不是某个人需要学习，某个部门需要学习，而是团队的全员学习。全员在学习过程中不断提升、超越自我，在共同的价值观与愿景指导下，群策群力，集思广益，共同学习与分享，使团队变成学习型团队，提升团队的战略思维力、经营决策力、价值创造力，最终实现团队的发展目标。

不爱学习的人，置身于爱学习的环境中，耳濡目染就能变成爱学习的人。当今时代，竞争异常激烈，只有学习才是不断获得晋升、发展和改变自我的最佳途径。那么，如何营造良好的学习氛围，引领大家集体学习、共同学习，最终达成学习型团队呢？

1. 能者为师，形成学习型团队机制

子曰："三人行，必有我师焉。"意思是，每个人都有自己的能力与特长，每个人都有闪光点，每个人身上都有值得别人学习的地方，每个人都可以成为老师。如果团队形成一种能力评估机制，每个具有特殊才能的人都可以在团队内部成为人师，发挥所长，学习气氛就形成了。

2. 建立全员学习系统，构建知识管理体系

团队的培训学习要分层次，从高层、中层、基层到一线团队成员都要列入全员学习系统，同时培训要分批次、分对象有计划地进行。不但要重视个人学习和个人心智、能力的开发，更要强调团队成员的合作学习和团队智能的开发。因此，团队的培训体系要完整，要有规划，要具体，才能使培训效果有保证。

3. 学习效果与团队成员薪酬、晋升相结合

学习一定要有收获，培训一定要解决问题，通过对团队成员的培训，让每个学习者最终做到学习后工作态度有所改变，变得更积极主动；工作行为有所改变，变得更负责、更有执行力；工作绩效有所改变，业绩更精进。最终团队成员的收入更高，晋升更快，从而把学习变成一种常态，让学习力成为职场的竞争力，这样的团队自然而然就形成了学习型团队。

4. 倡导团队形成分享的氛围

乐于学习，乐于分享，乐于奉献，是团队一种好的学习举措。人人分享快乐，人人分享知识，人人分享成长，必定促进团队更大的发展，也能搭建良好的学习平台。

分享带来的效应往往能够使原有的效果成倍增长。当每个团队成员都能打开心扉时，也就能发现别人的心扉是敞开的，分享就此开始。所以，分享可以产生创造力。因此，要在团队内部形成一种有利于分享的文化氛围，使团队成员之间的交流畅通无阻，这是所有领导者值得努力去做的一项工程。团队分享是一种建设性的、有利于共同发展并最终能达成共赢的学习方式。

当然，信息共享并不是让大家都变成一样，而是要把各种专业化信息变成一种整体的意识和认知，同时保留每位队员出色的技能。

团队的学习力即是竞争力，而良好的学习氛围是竞争力提升的润滑

剂、催化剂。团队的每个人都要为形成良好的学习氛围去奉献自己，去燃烧自己，去监督自己，真正打造学习型团队。

◇树立终身学习的意识

团队中的成员均应养成终身学习的习惯，这样才能形成团队良好的学习氛围，促进团队成员在工作中不断学习。

1. 鼓励团队成员主动学习

主动学习就是把学习当作一种发自内心的、反映个体需要的活动。它的对立面是被动学习，即把学习当作一项外来的、不得不接受的活动。

主动学习的习惯，本质上是视学习为自己的迫切需要和愿望，坚持不懈地进行自主学习、自我评价、自我监督，必要的时候进行适当的自我调节，使学习效率更高、效果更好。

具体地说，主动学习的习惯主要包括六个方面的内涵，如表5-1所列。

表5-1 主动学习的内涵

内涵	说明
把学习当成自己的事	不需要别人的提醒，就能做好自我管理。当然，不是每个人都是天生的"爱"学习者，所以培养主动学习的习惯，有时也需要别人的提醒和帮助
对学习如饥似渴	一旦养成主动学习的习惯，就永远不会抱怨时间不够用，因为随时随地，只要有空闲，他们首先想到的事情都是学习，这样就能把零散的时间都利用起来

续表

内涵	说明
对自己的学习有效性进行评价	在学习过程中，不仅学习水平在不断变化，团队成员的兴趣和爱好也在不断地变化。对这些方面进行评价和审视，不仅有利于保证学习的速度和质量，更能保证学习方向的正确
主动调节学习行为	身边的环境并不由自己决定，总抱怨周围的环境不公，注意力多半都会脱离学习本身，能力也将浪费在抱怨中。适应不同的环境，不仅是主动学习的表现，也是锻炼多种能力和丰富人格力量的机会
遇到困难坚持不懈	遇到困难能坚持下去，是主动学习的重要内容
正确对待别人的帮助	他人的帮助能提供不同的信息，拓展自己的视野

要想培养主动学习的习惯，就要让团队成员做到以下几点。

（1）对学习如饥似渴。只有形成了这种需要，才能主动地寻找和发现自己感兴趣的学习资源，并能战胜学习中遇到的种种困难。

（2）把学习当成自己的事情。独立、认真、扎实地做好学习中应该做的每件事情，解决好学习中遇到的每个问题。

（3）学会进行自我评价。通过正确的自我评价，才能弄清楚自己的学习状况，既知道自己的优势，也知道自己的缺陷。

（4）要有百折不挠的勇气。世界上的聪明人很多，但成功者却相对寥寥无几，究其原因，多数人并非智力不及，而是没有面对接连受挫的勇气。

（5）建立从结果中学习的习惯。建立与结果健康良好的关系，不是遇到结果不好就不开心，就自我否定，就情绪低落，要学会无论结果怎样都要从结果中去复盘：结果好，好在哪里，做了什么有效的而让结果好，在结果好中还有什么可以提升；结果不理想，从不理想中去看，好的地方是什么，每一个参与者在自己的流程与板块中忽略了什么，如果重新来一次该如何处理才能避免……让团队成员养成从结果中学习的习惯与作风。

2. 引导团队成员不断探索

不断探索,就是在未知的领域里,凭借自己的兴趣爱好、凭借自己的发现和寻找进行学习,多方寻求答案,解决疑问。

培养团队成员不断探索的习惯,首先,要对周围某些事物、现象,对听到和看到的观点、看法有浓厚的兴趣。如果周围的任何事物和现象都不能引起团队成员的丝毫兴趣,不能令他有所感触,不能让他心动,就不可能产生真正的探索。其次,除了兴趣,最好能有物质的条件和准备,如相应的场所和工具。最后,还需要不断丰富团队成员的信息资源,既包括人的方面的资源,也包括知识方面的资源。

3. 鼓励团队成员自我更新

自我更新,就是不固守已经掌握的知识和形成的能力,从发展和提高的角度,不断地对自己掌握的知识和能力进行联系、推敲、质疑和发展,从而不断地进行完善。

个体的发展与人类整体的发展,在认识发展上遵循完全相同的规律。所以,知识越渊博的人,往往越谦虚;而一知半解的人反而显得很骄傲,似乎无所不知,因为他不知道的比知道的要多得多。

培养团队成员自我更新的习惯,要做到:

(1)让团队成员心态开放。心态开放,就要对一切新信息和新事物持有开放的心态。对于糟粕,要给予有力的反驳和批判;对先进和有价值的信息,要充分深入地认识、理解和运用。

(2)培养团队成员对新事物、新现象的敏感性。鼓励团队成员敏感地发现新事物的不同之处。

(3)扩大团队成员的视野。自我更新,不是毫无因由发生的。之所以想要进行自我更新,必然是因为有所发现,而要有所发现,必须扩大视野。

（4）重视别人的意见，主动纳言。这对自我更新意义非凡。

4. 让团队成员学以致用

知识，来源于人类的生产生活实践，是人们在解决实际问题的过程中不断发展和完善起来的。所以，就知识本身而言，它必然是有用的。"学以致用"的精髓，一方面在于把间接的经验和知识还原为直接的、有实用价值的知识；另一方面在于动手实践。对于技术性工作，最优秀的往往不是学历高的人，而是有操作倾向、操作能力和操作经验的人。在"学以致用"的过程中，团队成员更能发现自己的潜力。

培养的关键在于：

（1）鼓励团队成员观察和思考。现象和规律都是客观存在的，就像苹果园里的苹果年年都会往下掉，被砸中的人也不计其数，却只有牛顿因此发现了万有引力定律，这就是观察和思考的效果。可以说，几乎所有的发现都来源于细心的观察和思考。

（2）让团队成员学会"做"。"做"是这一习惯的核心，要让团队成员不断动手去做实验，验证自己提出的想法和观点。

（3）鼓励团队成员"玩"。"玩"有两种方式：一种是纯粹为了轻松，什么也不想做，属于"娱乐休息"的玩。一种是探索性的玩，凡事想弄个究竟，想玩出点花样。从本质上来说，玩是否完全一样，关键在于在玩的过程中，大脑是被游戏牵着走，还是在为游戏设计规则、进行改进和提高。

5. 督促团队成员不断反思

人类之所以向往和平与发展并越来越重视环境保护，也得益于对历史与现实的反思。具体到每一个人的真正进步，无不得益于对过去的反思。所以，人之所以为人，反思是特别重要的特征之一。

反思是培养科学管理知识和处理信息习惯的重中之重，那么要怎样进行反思呢？

首先，要多思考。做错了事情或犯了错误，要让团队成员主动思考，不要急着向同事、领导询问正确答案。学习是一个"悟"的过程，而"悟"是别人替代不了的。做完了工作，首先要自己检查，自己反思总结。

其次，要多动笔。俗话说"好记性不如烂笔头"，由于写作比讲话往往更深刻、更理性、更严谨，多动笔便成为反思的基本方法之一。如写工作笔记的方法，就值得大力提倡。

最后，在反思的过程中，要让团队成员对自己的成见持客观的批判态度，不能抱残守缺，不能对别人的评论和意见不屑一顾。

◇赋能团队在行动中学习与成长

团队行动的过程也是学习的过程，因此打造学习型团队，就要让团队成员重视行动中的学习。

1. 事前定向

既然要在行动中学习，在具体行动之前，首先就要明确行动的目的或学习目的，同时端正心态。目标不明确，态度不端正，都会影响到行动力。

2. 过程检视

任何工作都要经过一个过程，在具体的行动过程中，要一边行动，一边检查，遇到不合理的问题，要及时改正。要让团队成员将工作当作学习，任何不利于工作的事情都要注意；任何有利于提高工作效率的事情都要总结，便于以后工作。积累的经验多了，后面的工作就轻松多了。

3. **在结果中学习**

工作，追求的都是结果。认真考察结果，也能找到学习之处。因此，不能将事情做完了就了事，要鼓励团队成员对完成的结果进行思考，看看有没有需要改进的地方，或者想想能否比现在做得更好。

4. **总结分享——信息共享**

团队行动是一个集思广益的过程，不能死抱着经验，要将有用的信息分享给团队其他成员。如此，自己不仅能掌握积累知识和信息，还能从他人身上获得其他信息，可谓一举两得。

第六章
赋能型团队要有强大的成果交付力

◇目标、结果、一切基于目标成果

美国成功学家格兰特纳说过,"如果你有自己系鞋带的能力,你就有上天摘星的机会"。当然,机会总是留给有准备、肯努力的人。

优秀的团队成员从不在工作中寻找任何借口,他们总是把每一项工作尽力做到超出客户的预期,最大限度地满足客户提出的要求;他们会出色地完成上级安排的任务,替上级解决问题;会尽全力配合同事的工作,对同事提出的帮助要求,从不推托或延迟。正因为他们用"快速反应、精准聚焦"的成果交付来严格要求自己,所以机会才会永远眷顾他们。

在团队中,无论做什么事情,都要记住自己的责任——"我是源头"。工作就是不找任何借口地去提供可交付的成果,而且是立即行动,保持快速的行动力,达到成果可交付。所谓成果可交付,指的是以终为始,基于战略意图,完成预定的目标;是把团队战略、规划转化成为效益、成果的关键。成果可交付包含完成任务的意愿、完成任务的能力、完成任务的最终成果。

成果可交付,对个人而言就是办事能力;对执行团队而言就是战斗力;对项目团队而言就是经营能力。而衡量成果可交付的标准,对个人而言是按时保质保量完成自己的工作任务;对整个团队而言就是在预定的时间内完成团队的战略目标,而不是交一个结果。真正的成果,是既定目标的实现。

在美国，有位残疾的退伍军人，回家后找工作非常不容易，很多团队都拒绝了他。这一次，他来到了美国最大的一家木材公司求职，通过几道关卡，见到了公司的老板，他非常坚定地对老板说："老板，我作为一名退伍军人，郑重地向您承诺，我会完成您交给我的任何任务，请您给我一次机会。"

老板真的给了他一个任务。老板告诉他："这个周末我的妹妹在犹他州结婚，我要去参加她的婚礼。麻烦你帮我买一件礼物。这个礼物在一个礼品店的非常漂亮的橱窗里，是一只蓝色的花瓶。"

描述完之后，老板把写有地址的卡片交给了他。他接到任务后，郑重地向老板承诺："我保证完成任务！"他看到卡片的后边还有老板所乘坐的火车车厢和座位。他立即行动，可当找到地址的时候，却毫无结果，因为这个地址根本没有老板描述的那家商店。他想给老板打电话确认，但老板的电话打不通。

他结合地图，通过扫街的方法，在距离这个地址五条街的地方，终于看到了老板所描述的那家店，但是这家店已经提前关门了。他又结合黄页和地址，找到这家店经理的电话。他打电话给店经理说要买那只蓝色的花瓶，对方却以正在度假不营业为由把电话撂下了。

他再一次拨通该店经理的电话，并告诉店经理："我以自己的性命和一个军人的名誉担保，我一定要拿到那只蓝色的花瓶，因为我承诺过，这关系到一个军人的荣誉和性命，请您帮帮我。"那个人不再挂他的电话，听他讲了战场上的故事，并最终决定愿意派一个人打开商店的门，把蓝色的花瓶卖给他。他拿到花瓶非常开心。但一看时间，老板的火车已经开了。

他赶忙给他过去的战友打电话，想租用一架私人飞机，并最终找到了一位愿意把私人飞机租借给他的人。当他乘飞机到达火车站，气喘吁吁跑进站台的时候，老板的火车正好缓缓驶进站台。他按照从卡片后面看到的车厢号，走到老板身边，把蓝色的花瓶小心翼翼地放到桌子上。他告诉老板说："老板，这就是您要的蓝色花瓶，给您妹妹带好，祝您旅途愉快。"然后，他转身下车了。

整件事情从始至终，他可以找出很多理由："对不起老板，您给我的地址是错的""对不起老板，我好不容易找到商店，但是已经关门了""对不起老板，我打电话给商店经理，他在外度假，无法开门营业，我买不到花瓶""对不起老板，我历经磨难终于买到花瓶，可是您的火车已经开了"……但是他都没有说出来，他只坚定地记得，他向老板承诺过，所以没有任何困难可以阻挡他完成任务。这是什么？这就是成果可交付！绝对地聚焦成果，并且全力以赴完成任务，给出那个既定目标的成果！

有项调查数据显示，在团队中：

5%的人，看不出来是在工作，而是在制造矛盾，无事必生非＝破坏性地做；

10%的人，正在等待着什么，不想做；

20%的人，正在为增加库存而工作＝"蛮做""盲做""胡做"；

10%的人，没有对公司做出贡献＝在做，但是负效劳动；

40%的人，正在按照低效的标准或方法工作＝想做，而不会正确有效地做；

15%的人，属于正常范围，但绩效仍然不高，做不好，做不到位。

这些数据清楚地反映出当下团队成员普遍存在的状态：懒散、拖延、逃避。

富兰克林说："把握今日就等于拥有两倍的明日。"将本该今天完成的事情拖延到明天，即使到了明天也无法做好的人，占了一半以上。如果不能今日事今日毕，就不可能做成大事，不可能抓住机会，更不可能获得成功。那么，唯一的解决良方就是执行力！必须现在立刻去做，即使只是一天或一个小时的时光，也不可白白浪费，这才是真正积极主动的工作态度。

成果可交付对团队、对个人的影响是相当大的，没有成果交付，对团队和个人的负面影响也是相当大的，不只是我们表面所看到的"一件事情没有做好"，还涉及到其他很多方面。制订管理模式时，只有严格执行成果可交付才能发现问题，从而进行修正，不断完善。如果成果可交付做不到位或根本不去交付成果，管理层永远发现不了问题所在，隐藏的问题永远无法解决。

所以，不仅要让团队成员学会工作，还要让他们无条件地聚焦成果交付，服从上级领导，服从公司管理制度，在接受工作后全力以赴把工作做好，为个人争取"上天摘星"的机会，提供可交付的成果，而不是只会说"我做了"。要使成员切实地尽力了，进而为团队战略目标的实现贡献力量。

◇方法可行，才能做到位

工作效率就是团队时间内完成的工作量，在工作中需要有较高的效率。时间对于每个人都是平等的，只要提升自己的效率，就能与其他人拉开差距。那么，在工作中怎么做才能够更加高效呢？其实，只要掌握以下这些高效工作的方法，就能事半功倍。

1. 列出关键价值链

关键价值链是指基于需要交付的成果与现状之间的关键链，包括关键资源、关键节点、关键行为、关键人、关键逻辑、阶段性关键成果。所以要在制订计划前，先列出关键成果需要的关键行为与对应时间节点。

2. 先计划后实施

任何事情都需要做好计划再实施才会比较高效，如果团队成员平常是一个无计划的人，做事的效率一定不会太高。任何事情只有有计划地进行才会顺畅，因此不要觉得制订计划是浪费时间。

每天，上班后先让团队成员做好一天的工作计划，此外，周计划或月计划也要在一周开始的时候或一个月开始的时候做好。任何事情只有在计划中进行，才能知道当前要做什么、下一步要做什么。因此，做好计划是提高工作效率的关键。

计划不是罗列事件，当我们只是罗列事件时，就会每天很忙，似乎也做了很多事情，但是对于成果交付、目标达成并非很有帮助。所以计划是基于可交付成果的那个目标，以终为始进行切分。基于月度要交付的成果，设定每月必需的行为与关键行动是什么，每周需要交付的成果是什么，每周需要的关键行动是什么，每月的关键行动在每周是否体现，每周的关键行动具体到每一天就是每日的行动计划。这样的计划就是基于成果交付的计划。

3. 分清轻重缓急

观察一下，团队成员是否觉得自己每天都忙得焦头烂额，还是没有把工作做好？如果是，只能说明团队成员的效率很低。效率低的原因就是，团队成员没有把时间花在刀刃上，没有分清楚事情的轻重缓急。

那么，应该如何分清楚事情的轻重缓急呢？轻的事情是指相对重要但是不着急的事情；重的事情是指最重要、最紧急的事情；缓的事情是指不重要并且不紧急的事情；急的事情是指不是最重要但是最紧急的事情。分清楚轻重缓急之后，要让团队成员先去做"重"的事情，再去做"急"的事情，然后做"轻"的事情，最后做"缓"的事情，这样他们就不会每天忙忙忙，却还是一事无成。

把分清轻重缓急落实到每天，还体现在每天的工作是否聚焦在每周的可交付成果上。关键行动、关键事情都是基于每周要交付的成果做出的判断，这样就清楚什么事该先做、什么事该后做、什么事该拒绝做，如此一来，时间管理、效能管理自然就得以实现。

4. 提升自律能力

很多团队成员会有这样的困惑：自己明明一天都在工作，甚至下班后还在继续加班，但是工作依然没有完成，为什么？这说明团队成员没有管理好自己的时间，自律能力很弱，所以一天结束了，工作还是没能完成。自律指的是一种聚焦的能力，聚焦在自己要交付的成果上，不受干扰。任何一件事情出来，先看这件事情与交付成果的关系，如果没关系，要先处理与成果交付有关系的既定计划,之后再来处理这件事情。

自律还与自己的状态有关。在工作过程中,可以让团队成员记录自己的时间开销,进入工作状态时可以记录一下时间,工作状态切换出去时也记录一下时间。这样团队成员就会发现,自己在一天之中的很多时间都不在状态,这些时间就是浪费的时间。所以在工作中,要让团队成员有意识地提升自律能力,高效地投入工作。

5. 减少工作失误

要让团队成员搞清楚工作的具体目标和要求,知道自己并不是为了工作而工作,而是为成果交付而工作。接到工作任务的时候,不要马上去做,先想清楚这项工作的最终目的是什么,工作的最终的成果和要求是怎么样的,弄清楚要交付的成果标准、时间,等等。

想清楚工作的目标、要求与要交付的成果后,就可以真正实施了。在实施的过程中,要让团队成员尽量减少工作失误,避免一件事情重复做。最好能够做到任何事情都是一次性通过,这样就不需要在同一件事上浪费太多时间。所以我经常分享,所谓的快不是指行为的快,而是指第一次就把事情做对,第一次就给出可交付的成果。

6. 随时记录要点

要让团队成员给自己设定几个特殊的记事本,在上面标注要完成的事情或是容易忘记的事情,有助于提醒他们全部完成计划或是工作内容,而不会出现遗漏。

7. 重要的任务分批处理

遇到大的工作任务,要让团队成员把它分割成许多小任务,并在设定时间内逐一解决,这样一来事情被逐一解决,压力自然减轻。

8. 及时复盘当天成果

下班之前,要让团队成员花一点时间及时复盘当天的工作表现:为什么有些事情没有按计划完成，哪些事情做得很好，因为什么没做好，明天怎么做会更好……只有正视自己的问题，才能大幅度提高目标达成率，也只有知道因为什么做得好，才能把做得好的方面运用在下一个阶段的工作中。

9. 做好整洁和归类

要让自己与团队成员的办公桌保持整洁，把文件做好归档。当需要的时候，就能很容易地找到它们，不需要花费过多的时间。

10. 保证充足的睡眠

睡眠对健康、学习、敏感度都很重要。要让团队成员每晚尽量睡足 7~8 小时，不要过度熬夜。否则，次日上班的时候，脑袋昏昏沉沉，既降低工作效率，还容易出错。

◇严格考核，才能得人心

人力资源管理的核心是绩效管理，绩效管理中最重要的环节是绩效评价，而绩效评价是通过考核绩效指标来体现的。绩效考核指标就是将品德、工作绩效、能力和态度用科学方式结合团队特性划分项目与标准，用以绩效评价与业绩改善。

一、团队绩效考核指标设计

团队绩效考核指标设计一般可以通过以下六大步骤来进行。

1. 提出初步方案

团队绩效管理专家根据已经确定的团队工作职责初步提出同一层面各

个团队的 KPI，其中最重要的是 KPI 考评标准的确定。绩效考核标准是考评者通过测量或通过与被考评团队约定所得到的衡量各项考评指标得分的基准。制定绩效考核标准需要遵循 SMART 原则。

在初步提出团队 KPI 时，首先，确定 KPI 的数量，一般主指标选择 3~6 项，不能追求全面，误以为把团队的工作面面俱到，数量越多越好。KPI 多了，看似详尽，能全面反映一个团队的真实业绩，其实是胡子眉毛一把抓，失去了工作重点，也不符合帕累托 (80/20) 原则。其次，确定每个指标的名称及子指标。第三，确定各个指标的考评标准，确定考评所需信息的来源及提供周期。最后，进行指标的权重分配。

2. 基于团队的沟通

由专家组成员分别与各个团队负责人(或者团队全体成员)就初步提出的 KPI 进行沟通，征求团队的意见，并将沟通成果整理汇总。在考评体系建立及指标确定过程中，与团队进行沟通，重点是与团队确定考评指标的可行性及必要性。对一些需要考评但信息来源困难或难以衡量的 KPI，要用其他的指标来代替或者采用绩效管理系统来采集数据。

3. 基于流程的沟通

召开相关会议，讨论专家组整理汇总出来的团队 KPI。这个讨论沟通过程是一个平衡与互相制约的过程，由参与工作流程的相关团队共同讨论各个团队的 KPI，由他们来担当裁判，分别对每个团队的 KPI 进行评价与平衡，保证 KPI 的相对公平性。

4. 树立团队标杆

由专家组整理出不同职系团队的标杆 KPI，根据团队讨论结果，选取相对合理、比较完善的一两个团队作为标杆。对于不同的职系，需要分别选出一个标杆出来，例如，对职能管理团队，选取一个提取 KPI 相对最好的团队作为标杆；对业务型团队，选取一个相对最优的团队 KPI 作为标杆。

5. 协商，达成共识

参照标杆团队 KPI，由团队主管领导与团队负责人共同协商确定本团队的 KPI。这个过程有利于增强公司对团队工作行为及结果的导向。同时，在沟通协商过程中，还能增进上下级的相互了解，达成对团队绩效考核的共识，为下一步团队绩效管理奠定良好的基础。

6. 高层进行审核

在各个团队与主管领导协商确定了 KPI 的基础上，召开公司层面的高层班子成员会议，对各个团队 KPI 进行讨论。确认以上要求都得到满足后，由公司层面高层班子成员审核通过后，正式实施团队 KPI 的考评。

二、让团队绩效考核发挥真正的作用

团队成员人数不多的时候，好管理，团队不断发展成集团后，管理层与人力资源部门就开始困惑了：招人难，留人难。有了完善的考核和激励机制，就能通过评价系统发挥出以下作用。

1. 把团队成员向共同目标凝聚

考核指标具体化，明确指导团队成员所做的工作是否与绩效指标相符合，约束团队成员日常行为和管理规范，以及工作重点和目标。团队成员的绩效指标一旦确定，他们就会利用各种资源，凝聚一切可利用的力量来实现和完成绩效目标，从而把全体团队成员向一个共同的目标和方向凝聚。

2. 用人性化管理引导团队成员积极参与

在依据标准化指标的前提下，各项考核指标都是由团队上下共同商量、沟通、监督的结果，做到人性化透明管理，为团队成员提供个人表现、表达的空间，引导 80 后、90 后、00 后的团队成员积极参与。

3. 每周每月公示，互相竞争

每周、每月系统形成评分后进行公示，提供团队成员之间、部门之间、团队与外部之间的竞争目标和标准，让团队成员看到自己在团队中的位置，使他们为完成绩效考核指标互相竞争，形成你追我赶的工作氛围。

4. 按月形成档案

按每月公示形成月考核档案、指标，进行汇总分析，方便人力资源与管理层调用，协助人力资源部门、管理层及时调整，对团队成员进行培训、约谈、奖励、处罚、升降、调职。这能为企业、团队培养留住优秀人才，降低用人成本。

5. 进一步完善团队成员考核

鼓励团队成员参加相关部门与项目组独立考核，并纳入评分考核体系，建立科学合理的考核评价系统，真正激励团队成员在所在部门积极履职。

◇相信文化和信仰的力量

一、赋能型团队的文化

团队文化，有时称团队精神，一般指团队中长期形成的基本价值观、作风、生活习惯和行为规范的总称，是团队在经营管理过程中创造的具有团队特色的精神财富的总和，对团队成员有感召力和凝聚力，能把众多人的兴趣、目的、需要及由此产生的行为统一起来，是团队长期文化建设的反映。它是团队领导者倡导、培植并身体力行的结果,通过各种方式灌输到全体团队成员的日常行为中去,日积月累地逐步形成的。团队文化一旦形成,就会反过来对团队管理发挥巨大的影响和制约作用。

团队文化是个复合概念,由"外显文化"与"内隐文化"两个部分组成。"外显"指的是文化设施、技术培训和文娱活动等;"内隐"指的是总目标的倡导,要求遵循的价值标准、道德规范、工作态度、行为取向和生活观念,或指这些内容融汇而成的风貌或团队精神。

团队文化以全体团队成员为工作对象,通过宣传、教育、培训和文化娱乐、交心联谊等方式,以最大限度地统一团队成员意志,规范团队成员行为,凝聚团队成员力量,为团队总目标服务。

优秀的团队文化可以促成优秀团队的形成和发展,优秀团队必定有自己的优秀文化。团队精神在团队管理中已占据重要位置,也是团队文化必不可缺的主要内容。真正的团队必须具备三个要素:一是必须能创造出共同的"产品",有共同的目标;二是全体成员为共同目标的实现而努力工作;三是团队成员之间形成互相认可、互相负责、共同遵守的契约。

团队文化的核心是团队成员共同价值观的形成与导致的统一行为,它来自团队成员群体,普遍受这个群体的欢迎和接纳,深入人心。只有得人心的团队文化才具有很强的生命力。

团队文化在实施方法上要采取树立榜样、典型引路、以身作则、率先垂范等方式。优秀团队文化一般都比较注意发现和推崇身边的典型,树立榜样,集中体现团队文化的魅力,使团队文化人格化、模特化,使团队成员能看得见,学有榜样,比得上,效仿有型。

团队文化的实施既需要一定的形式来体现,也需要一定的物力财力加以保障,仅高喊口号是无济于事的。

团队文化不是束之高阁的彩球,也不是哗众取宠的装饰,而要扎根于团队成员，融于全体团队成员的思、言、果中。可以通过举办各种成员喜闻乐见的活动来体现，如各种有意义的庆典活动、团队成员的文体活动等。

团队文化的推行结果，要使团队发展，给团队成员和社会带来物质和精神利益，这是检验团队文化绩效的标准。团队文化就是通过运用以人为本、友好和睦，忠于使命、奉献社会，讲究礼仪、注重文明，恪守承诺、勇担责任等诸如此类的理念运行和铸就，改善团队成员理念。

二、赋能型团队的信仰

管理的最高境界是信仰，管理的最低成本也是信仰。如果想把一个团队管理好，必须建立团队的信仰，也就是团队的愿景，或是团队的价值观。要想降低管理成本，不要从方法上、技巧上、条件上去降低，必须要从树立价值观、树立信仰上去降低。

团队没有树立信仰，没有信仰的明灯指引，就相当于没有方向。个人需要信仰，团队也需要信仰。人们来自五湖四海，素质参差不齐，没办法统一，但是我们应该让未来的目标统一，也就是建立共同的信仰，要有共同的价值观。人一旦有共同的信仰、共同的价值观，过去的出身、学历和经历都不重要了。

◇强化流程、简化流程、高效交付

每个团队都应有一套自己的工作流程。完善合理的工作流程不仅可以把团队成员从烦冗的工作中解脱出来,还能大大提高团队成员的工作效率。那么,应该如何优化工作流程呢?

一、建立工作流程

每项工作的完成过程都有一个固定模式,这个模式可以指导执行人较好地完成工作。

例如一提到做一道菜,很多人就会想到买菜、做菜。买菜是必不可少的,不过这个步骤和其他补充原材料的过程都只是前期准备工作。最关键的一步是炒菜。要想做出一道色香味俱佳的菜肴,要按照一定的程序一步步去做,一旦哪个环节出了差错,整道菜就毁了。如要先将蔬菜在开水里烫过再放入锅中翻炒,就很有可能做出一道完美的菜肴。但如果先炒、再烫,那恐怕就会很难吃。一个团队完成某项任务时也是如此,如果不按照一定的顺序进行,就会产生许多麻烦。

所谓工作流程,是指完成工作任务的事项的流向顺序。工作流程包括很多内容,如工作过程中的环节、步骤和程序等。通俗地说,工作流程就是要明确完成任务需要做什么、怎么做、按照什么顺序做。也就是说,在具体的工作实践中,领导者头脑中要有一个"箭头"。所谓的"箭头",即在面对冗杂的工作内容时,要抽丝剥茧,准确地判断出应该先做哪一步,再做哪一步，从而建立一个能减轻工作压力并提高工作效率的工作流程。

二、简化工作流程

通用电气前 CEO 杰克·韦尔奇说过："管理效率出自简单。"很多团队已经意识到了简化工作的重要性。团队成员在面对一堆毫无头绪、十分复杂的工作表时，是很难产生工作积极性的。所以，无论是从提高工作效率还是对团队成员的"人性化"管理方面考虑，领导者都应尽量简化工作流程。

简单管理是团队管理中的一个很好的管理模式。简单管理不仅是对领导者的工作要求，同时也是对团队成员素质的要求，因为简化工作也是优秀团队成员的一个必备素质。

宝洁公司有一条标语：一页备忘录。这是宝洁公司多年来总结的重要管理经验。公司中任何超过一页的建议或方案都属于浪费。"一页备忘录"是对团队成员提出的严格要求，因为团队成员首先要把工作内容"吃透"，然后经过归纳，才能总结出不超过一页的文字内容。

完善的工作流程不仅会减轻团队成员的工作压力，还有助于领导者站在全局的角度来管理团队。清晰的工作流程可以给予团队各部门明确的任务指向，并且到了哪一步、指向哪一步都有明确的划分，这样团队成员的执行力和工作效率才会较高。

三、审查工作流程

对工作流程进行建立和简化后还要再进行工作流程的审查，甚至重排。重排工作流程是将所有作业环节按照合理的顺序重新排列，或改变其他要素顺序后，重新安排各作业环节的顺序和步骤，也就是通过调整各环节的作业顺序，使作业更有条理，工作效率更高。那么，怎样才能保证流程的合理性呢？

1. 衡量各环节的合理度

团队成员提出"何人、何处、何时"三个问题，来检验流程中各个环节的安排是否合理。一旦发现不合理之处，立即重新排序，使各环节都保持最佳顺序，从而保证工作环节的有序性。对各环节的合理度进行衡量，可以从以下三个方面开始。

（1）何人。该环节由谁操作？操作技能是否娴熟？该环节的工作是否是该团队成员最擅长的？是否存在岗位与团队成员能力不匹配的现象？

（2）何处。各环节的操作场所之间距离是否合适，是否便于工作交接？如果将某些环节的操作场所调换，是否可以缩短工作交接的时间？调整设备仪器的摆放位置后，操作者使用起来是否更加方便？

（3）何时。何时开始，何时结束，在各个环节之间的移动时间、等待时间、加工时间，以及由于机器故障、部件无法到位等问题引起的延迟时间分别是多少？时间安排是否过于紧凑而使团队成员感到紧张、疲劳？如果时间安排过于宽松，是否难以在交期前完成任务？

2. 理清逻辑顺序

工作流程中可能只有几个环节，也可能有数以百计的作业环节。如果对各环节排序不当，将造成工作秩序混乱，无形中延长作业时间。环节顺序的安排是否符合逻辑、是否清晰，可以从以下几个方面进行评价，详见表6-1所列。

表6-1 理清工作环节安排顺序的要点

要点	说明
是否等待	一个环节完成后，团队成员是否需要等待其他环节结束，才能共同进入下一环节
是否混乱	一个环节的开展，是否需要下一环节的完成结果作为辅助？一旦出现等待或混乱的状态，必须采取方法予以调整
减少等待	了解完成各环节工作作业需要的时间，提前处理等待的环节，保证各环节不必等待即可与其他环节一起进入下一环节
避免混乱	了解各环节之间的联系，分清哪个环节应在前、哪个环节应在后，前一环节结束后才能开展后一环节的作业，保证各环节之间的有序性

◇奖惩分明，是赋能型团队成果交付的有力保障

好的管理理论、管理方案、管理模式固然对团队管理有很大的作用，如果做不到奖惩分明，是很难取得实质性效果的。团队战略的实施，关键在于要有一个奖惩分明的激励机制。

没有一个奖惩分明的激励机制，领导者的很多想法、很多决策，甚至很多指令，在执行过程中不能较好地被执行，有的甚至变得面目全非，使团队成员的积极性、主动性和凝聚力不见踪影，以至于经营业绩下降，走入困境，则团队的战略就难以实施。

团队建立合适的奖罚机制，有利于促进团队成员内部竞争，实现优胜劣汰，充分调动团队成员的积极性。一个团队要做到奖罚分明，就要做到"奖得心花怒放，罚得胆战心惊"，让团队成员真正明白，团队制度、规则、成果交付就是"高压线"，谁触犯谁就必须付出代价。

奖励一定是团队特别想要的，惩罚一定是会令团队特别痛苦的，用奖励快乐推进，用惩罚痛苦推进，双向促动，才能保证最大的成果交付的内在驱动。有功要自下而上地奖励，处罚要自上而下地惩罚，只有这样才能形成上下一致的向心力、凝聚力和战斗力。

奖罚分明，必须制定明确的奖惩规则。领导者要有这样的意识：为什么进行奖励和惩罚，规则和标准是什么，目标和对象是谁，如何实施和执行奖惩计划？

一、表扬与鼓励

表扬是对已取得结果做正向肯定与认可,表扬是一种积极的奖励措施,在表扬时必须做到以下几点。

1. 具体、真诚、及时

根据事实、针对具体做好的事进行表扬,指出被表扬者的心血和精力所在;真诚,表扬时要诚恳热情,发自内心;及时,提倡"一分钟表扬",即在事情发生的一分钟内就给予表扬、肯定,这样会产生神奇的行为推动效果。

2. 如实

不夸大,恰如其分,以免被表扬者产生自满情绪,造成团队成员的逆反心理,助长不务实、图虚名的不良风气。

3. 多种方法

对年轻人表扬时可以提出勉励性希望,对德高望重者表扬时应带有尊重的意味,对思维敏捷者要抓住要点,对疑虑心重者要把话说清楚。

4. 适度

表扬人数过多会让人产生"干好干坏一个样"的想法,过少会让受表扬者产生离群感、孤立感;表扬次数、频率过多,效果随之降低,进步快、表现突出可多表扬,反之,则频率低一些。要恰当,标准过高令人望而生畏,过低又显得唾手可得,所以强调适中,要着眼团队成员的努力,要多看团队成员的长处。

5. 表扬与回应要七三开

该表扬不要吝啬,要当面亲口表扬。注意赋能型团队不建议使用批评,而采用回应。事情没有做好,不是批评,因为批评并不能解决问题,而是回应、贡献,让团队成员从结果中有洞察,有学习,回应就要明确。表扬可以稍多一些,表扬占七,回应占三。对态度很好但结果做得不好的团队成员要给予指引，鼓励他重整旗鼓；对取得很好成绩但没意识到为什么取得成功、过分强调个人作用的团队成员，也要针对其思想给予认真的回应和引导。

鼓励是在做事情的过程中，还没有得到结果，或者团队成员在受挫及结果未达预期时，给予的肯定与打气，令团队成员开始有新的动力。

二、回应

对团队成员的回应，要坚持以下几个原则。

1. 回应团队成员要抓实质

回应要做到中立呈现，指出"结果是什么、标准是什么、差异在哪儿"，不给当事人贴标签。一个公司的清洁阿姨打扫公司厕所不干净，屡次受到办公室主任批评，非但没改进，还有牢骚。领导带着她参观了几个大楼，她意识到自己的问题出在哪儿，懂得了"卫生、干净"。

回应是获得表扬与肯定的前提，只有迅速接受回应，领会领导者意图，并真心实意面对已发生的结果，才能立即纠正偏差，改进工作，准确完成领导者赋予的使命。受到领导者的回应，也说明团队成员责任重大，受到重用。直截了当的回应是上下级关系密切的表现；观点直接、态度明了的回应是高效率的回应，是推动团队发展的前提。回应也是一种关心，有关心才会有回应。

2. 回应要对事不对人

必须指出对方的错误，不要对团队成员的工作过多指责。要让团队成员明白：所有的处罚不是针对团队成员个人，而是针对团队成员做的事而言的。回应后，应该与受回应者谈心，给予受回应者勉励。工作中，要给灰心者以鼓励，肯定他们在团队中的作用，帮助他们分析不足之处，激励他们从失败中奋起，鼓励他们不被失败打倒。

3.抛弃法不责众的思维

不讲原则,迁就多数,势必后患无穷,应该坚持真理。哪边有真理,哪边就是对的。有个例子,一位团队成员偷了些工厂木材,数量不大,大家都和他有点交情,都为他求情,还有人说"少数服从多数",但厂长坚持依法处理,后来大家就都理解、认同了。处理问题是这样,执行新规也是这样。真理在手,反对者越多,自信心就要越强,就要越发坚决地贯彻执行。

奖罚分明才能确立正确的价值观,增强集体的凝聚力、战斗力。领导者必须抛开情面敢于抓,好的就要表扬,不好的就要回应。只有抛开情面,领导者才能独当一面,才能有为、有位。

第七章
赋能型团队要懂得分工合作

◇目标一致，才会愿意合作

有一对老夫妇，从结婚那天开始，每次吃鱼的时候，老太太都会深情地看着老头吃鱼头，自己吃鱼尾。老爷子吃鱼的时候也先把鱼尾给老太太，看着老太太深情地吃鱼尾，自己吃鱼头。

老头身体不好，自觉将不久于人世，让老太太给他做鱼吃。他要吃鱼尾，说自己很喜欢吃鱼尾。老太太顿时惊讶了，因为她从来都喜欢吃鱼头。

这个故事告诉我们爱情的美丽，也告诉我们，真正的个人目标没有达到是一种缺憾。

团队一致性的建设过程其实就是不断磨合、沟通的过程，就像夫妻关系的发展，年少的夫妻虽然浓情蜜意，但是还无法做到心有灵犀；而老年的夫妻虽然平淡如水，但只需一个动作、一个眼神、一个表情就能心领神会。

如今，分工越来越细，团队需要不同身怀绝技的成员一起奋战。把团队聚合起来，凝成一股绳作战的就是大家认可的共同目标，目标的一致性是团队最核心的部分，但每个人都是一个具体的个体，都有自己不同于别人的大脑。无论谁领导，都不敢保证所有团队成员的想法都是一样的，但团队组成就是为了更好地完成一个共同的团队目标，否则，大家都努力，都感觉自己完成了目标，但团队目标最后还会偏离，这对团队反过来是一个沉重的打击。

在《动物世界》节目里，我们经常可以看到这样的镜头：草原上，数千头野牛在几只狮子的驱赶下横冲直撞，在几分钟惊心动魄的追猎后，总有几头野牛成为狮群的美味。其实就个体来说，野牛的体重是狮子的好几倍，野牛坚硬的头骨和超强的爆发力甚至能让狮子丧命。但是牛群总是输给狮群，尽管牛的数量几百倍于狮子也无济于事。

每一次捕猎，狮群的目标都非常清晰，并且行动高度一致，不管现场多么混乱，一旦锁定了其中一头野牛，就会集中力量合围，从各个方向实施攻击，因此整个狮群的配合就像一头狮子一样天衣无缝。狮群的高度一致常常令领导者羡慕不已，如果自己的团队能够这样，那肯定是披坚执锐，攻无不克，战无不胜。

团队一致性是发挥综效的基础，缺少共同目标和理念，一个团队无法走向意见的整合和共识的收敛，效率也会随着成员之间的矛盾而降低。相反的，拥有一致性能够激励下属更投入地为共同目标打拼。

1. 团队成员知道"为何"而战

团队领导者常常花上许多时间打造团队的目标、设定达成路径，鲜少去解释"为什么"需要完成这个目标。试想当这个"为什么"浮现在眼前时，身为主管或是团队领导者有没有办法解释目标的核心价值或是下属对于团队的内部共识和信念？共识都是起源于问题的定义，如果缺少了问题的根源，团队文化无法有效凝聚，看似和谐的团队文化许多时候都是建筑于服从或是利益关系去完成团队一致性，这对于长远的团队规划来说非常危险。

2. 通过任务，强化共识

当团队对于"为何而战"建立了基本共识后，必须通过团队实际经验，让成员在潜意识中反映出团队的文化和信念。

3. 描绘未来的成功地图

预想未来的规划对团队成功是一个关键的步骤，真正将一个团队的一致性排进未来时间进程且紧密地互相结合；不管是成功或是失败的决策，在决定的那一刹那始终要相信自己是对的，接踵而至的挑战都只是过程的一部分，最终将会成为通向成功的途径。

4. 合理分配责任

简单的权责分配架构有三个层次：一是对于事情负责的首要关系人，对于目标的完成和概念了若指掌；二是协助产出的协办人，负责目标进度的协助和分配；三是围绕团队之外提供信息的次要协办人。以上三个层次的团队都必须分配责任，并且划清负责项目，而责任程度依层级降低。

在处理责任归属的同时，团队领导者必须建立一套客观的衡量机制，为团队进度把关并定期进行汇报和开会讨论，确认团队是否依然保持对于"一致性"的共识。

◇彼此信任，合作才能更顺

2009年4月8日，三名手持AK-47突击步枪的海盗登上了"马士基·阿拉巴马"号集装箱运货船，控制了舰桥，并劫持了"马士基·阿拉巴马"号上的美国船长——理查德·菲利普斯。菲利普斯打算逃跑，海盗开始殴打他，并用他来威胁美方，进行谈判。

美方派出两艘军舰，之后三名海豹突击队狙击手使用降落伞降落到舰尾处。他们浸泡在冰冷的海水中，通过望远镜来观察周围的局势，等待在最佳时刻击毙海盗并营救船长。

当时，救生艇上只有两扇小窗户，再加上夜间视线受限，海豹突击队成员只能看到三名海盗中的两人，仅击中两名海盗必然会打草惊蛇，三名狙击手只能等待时机，争取将三名海盗一起干掉。

在紧张的气氛中，三天时间很快过去。海盗为了呼吸新鲜空气，打开了救生艇前端的一个小舱口。这时，三颗子弹同时从船尾射出，三名海盗同时被击毙，菲利普斯最终获救。

在这个故事中，三名狙击手像同一个人一样思考，在没有商议时间的情况下同时射击，并取得成功。队员之间的默契配合，让营救行动取得了成功。那么，是什么让海豹突击队的队员有如此般的默契呢？那就是彼此之间的信任。

在军事作战中，团队成员的互信发挥着重要作用。海豹突击队的队员们在训练的时候，都要求具备合作意识，即使是游泳训练也要有一个泳伴。这些训练伙伴不仅是高效的工作搭档，更是生活中的挚友。在合作中，他们建立起了深厚的信任和默契，进而形成了对团队与工作的信仰，接受任务后，就能以超高的默契配合完成任务。

信任对于一个有效的团队来说是必不可少的，因为它提供了一种安全感。当团队成员彼此感到安全时，他们会感到很舒服，相互坦诚，承担适当的风险，并暴露弱点。如果没有信任，创新、协作、创造性思维、生产力就会减少，团队成员就会把应该一起实现目标的时间，花在保护自己和自己的利益上。

同时，信任是知识共享的关键。发表在《知识管理》杂志上的一项研究发现，信任是团队获取知识的一个关键因素。简而言之，如果你的团队成员彼此信任，他们很可能分享知识，公开交流。

作为领导者，如何创建团队中的信任文化？

1. 将你的信任展示出来

如果想在团队中建立信任，就要以身作则，向团队成员展示你信任其他人，这意味着信任团队、同事和老板。永远不要忘记，团队成员一直在观察和接受你的暗示，借此机会向他们展示你是如何做到信任他人的。

2. 开诚布公地交流

开诚布公地交流是建立信任的基础，要让团队中的每一个人以诚实、有意义的方式相互交谈，可以使用多种策略来完成这一任务。

首先，制定一个团队章程来定义团队的目标和每个人的角色。在团队会议上介绍这个章程，并鼓励每个团队成员提出问题，讨论他或她的期望。

其次，考虑团队建设活动。精心挑选，精心策划，可以帮助你"打破坚冰"，鼓励团队成员敞开心扉，开始交流。

最后，定期开会。这样所有的团队成员都有机会谈论他们的进展，并讨论他们正在经历的各种问题。这种面对面交谈是了解对方的重要方式也为团队成员提供了交谈的机会，并帮助彼此解决问题。

3. 真正认识彼此

建立信任的一个方法是鼓励团队成员平等看待同事。可以创造一些能帮助他们分享个人故事和场景的纽带，通过询问他们的家庭或者他们的爱好来做到这一点。先分享一些关于你自己的个人信息，然后再问他们的爱好或者兴趣。

另一种让团队认识形成更牢固关系的方法是，在工作或午餐后进行社交活动。如可以每周留出时间进行非正式的小组讨论，团队成员就所能涵盖的话题提出建议。可以围绕价值观展开讨论，分享自己的一些价值观，鼓励别人分享他们的价值观。价值观对大多数人来说都很重要，开始一场允许大家分享的对话，可以凸显团队的人性。

4. 减少相互指责

当人们一起工作时，肯定会有人犯错，如果大家都去责怪或指指点点犯错的人，一种令人不快的氛围就会迅速弥漫。这会降低士气，破坏信任，也不能解决问题。相反，要鼓励团队中的每一个人以建设性的方式思考这个错误，如你们都能做些什么来解决已发生的问题？你怎么能确保这种错误不再发生呢？这样才是引导团队成员共同前进的正确做法。

5. 阻止小团体形成

有时，团队内部可以形成许多小团体，通常都是团队成员之间因为共同的兴趣或工作任务而抱成团。然而，这些群体可以不经意地让其他人感到孤立，甚至破坏群体成员之间的信任。

与团队成员讨论这个问题，看看他们对小团体的看法，以及他们对其他团队成员的影响。只有公开解决这个问题，才能阻止这种破坏性的行为发生。

6. 讨论信任问题

如果正在管理一个存在信任问题的团队，就必须找出这些问题是如何产生的，这样就能想出一个克服它们的策略。可以给团队成员一个匿名填写的问卷，向他们询问集团内的信任程度，以及为什么他们认为缺乏信任。阅读了结果，就可以让大家一起讨论这些问题。

◇做好团队沟通，减少磕绊

狼是动物中最善于沟通的，它们的沟通部分是出于生存的需要，但更重要的是出于对团体的热爱。除了狩猎，狼群在嬉戏时，更喜欢相互交流。狼与狼之间是没有什么秘密可言的，它们彼此坦诚相见、绝对真诚。解决相互间的矛盾就是通过沟通和嬉戏，即使偶然间的打斗也会在事后烟消云散。

在团队里，要进行有效沟通，必须明确目标。对于团队领导者来说，目标管理是进行有效沟通的一种解决办法。在目标管理中，团队领导者和团队成员讨论目标、计划、对象、问题和解决方案。由于整个团队都着眼于完成目标，这就使沟通有了一个共同的基础，也让团队成员彼此能够更好地了解。即便团队领导者不能接受成员的建议，也能理解成员的观点，成员对领导者的要求也会有进一步的了解，沟通的结果自然得以改善。

如果绩效评估也采用类似办法，同样也能改善沟通。在团队中，身为领导者，善于利用各种机会进行沟通，甚至创造出更多的沟通图景，与成员充分交流等并不是难事，首先要创造一种让团队成员在需要时可以无话不谈的环境。

对于赋能型团队而言，在奋斗的全过程中，管理最核心的任务仍然是相互沟通。

团队是一个对人、财、物、信息等资源进行整合和驾驭，不断追求成功的组织。每个团队成员都有独立思维能力,在团队的合作过程中,肯定会面对意见不统一的挑战。这个时候,如果不能用积极的沟通来解决问题,就会给整个团队造成影响,直接影响团队的工作效率。

在管理沟通中,往往矛盾是由于大家对于方法的认识不同而产生的。纠结于方法的对错对于工作的完成其实毫无意义,工作沟通最根本的是要达到什么结果而不是要采取什么样的方法。

沟通有一个前提就是双方互相认可,离开这种双方互相认可的态度,所有沟通都是无济于事的,因此态度是沟通的前提。

1. 明确目标

团队定然存在不同利益的人、不同知识结构的人、不同方法的人、不同性格的人、不同喜好的人,甚至存在个人关系相互独立的人。然而,正是要让这样一个群体去协同并共同完成一件工作。因此,所谓目标沟通,就是要让大家对于工作的结果达成一致,对共同的利益目标达成一致。对于各个分立的小团队而言,方法并不是最关键的。

2. 均衡利益

人存在的地方就有摩擦,不同的团队拥有不同的团队利益。遗憾的是,身处一个环境,有些团队成员经常会为了自己的利益而忽略配合部门的感受,甚至将其他部门的不配合举动归纳到人品问题。正确的做法就是当面说,开会说,不要背后说。团队成员说的方向不是基于对错,而是基于规则与目标。赋能型团队领导者的处理方式应当是,对于冲突保持沉默,在公开的情况下,对双方进行基于目标的沟通,基于标准与团队规则的裁决,而非个人喜好的判断。如果没有标准,没有先例,则可以先制订标准或者规则。

3. 结果导向

每次沟通,必须给予反馈,好的内容,要懂得真诚地去赞赏团队成员,而不是埋在心底。不好的内容,要有恰当的方式去反馈问题,去思考问题的解决方案。每次沟通一定要有个沟通的结果,这个结果一定是可执行的。每次沟通最好都有一个沟通备忘,用来跟踪和反馈沟通结果。

缺少沟通,就不知道对方的真实想法,融洽的关系就无法建立。在团队中,只要学会积极地与人沟通,任何矛盾都可以化解。积极沟通能让团队成员拉近彼此的距离,让团队合作更加顺畅,让团队工作效率更高。

◇工作自动自发,合作效果最好

什么是自动自发?自动自发就是不用别人告诉你,你就可以出色地完成工作,这是优秀团队成员之所以优秀、绩效之所以高的最根本原因。

成功是努力的积累,那些一夜成名的人其实在获得成功之前,已经默默地奋斗了很长时间。任何人要想获取成功都要经过长时间的努力和奋斗。要想获得最大的成功,则必须永远保持主动率先的精神,哪怕你面对的是多么令你厌恶的工作。只有这么做,你才能获得最高的成就。

消极被动的团队成员总是把工作当成"要我做"的事情,而自动自发的团队成员则会把工作当成"我要做"的事情。所以,永远不要把"要我做"当作工作的前提。赋能型团队最喜欢"我要做"的那类人,因为他们乐意为目标努力。鉴于此,你必须像优秀团队成员那样发扬主动率先的精神,变"要我做"为"我要做"。无论面对的工作多么枯燥乏味,"我要做"的主动精神都会让你取得非凡的业绩。

"自动自发"不是某些人所理解的出风头、富有侵略性或无视他人的行为。真正自动自发的人反应更敏锐、更理智、更低调,更能切合实际,并掌握问题的症结所在。因为只有抓住了问题的症结所在,并积极主动地解决问题,才能取得好的业绩。

自动自发型团队成员的积极主动,往往灌注于工作的点滴之中。也正因为如此,他们的工作能力才日强一日,工作业绩才得以不断提高。总的来说,自动自发型团队成员的积极主动主要体现在以下几个方面。

1. 主动找事情做

工作中不让自己闲下来,主动找点事做,你就能更加完善自己,在工作中提高自己的工作能力。优秀的团队成员每当完成一项工作时,总去翻工作日记,问自己:是否已达到了所有的目标?有什么任务需要加上去?还需要向别人学习什么?怎样才能使自己的工作能力得到提高?总之,在闲暇的时候主动出击,你就能争取到更多的机会,不断丰富自己的经验,提高自己的能力。

2. 承担工作以外的责任

一个优秀的团队成员所表现出来的主动性,不仅仅只是认真完成自己的本职工作,还要主动承担自己工作以外的责任。如当今广告公司的业务非常难做,顾客的要求越来越高,如果大家都按部就班地完成本职工作,那么客户的意外要求谁去满足,公司的突发性工作谁来做呢?由此可见,主动做自己工作以外的事情,既能解决公司的困难,为老板排忧解难,又能学到更多的东西。

3. 主动提建议

也许领导者或同事的某种处理事务的方式效率不高,而他本人并未察觉或不知如何改进,这时,如果团队成员有好的主意,就要主动地提出来。主动提出合理的建议,不但可以为团队成员赢得好人缘,更有利于参与同事的工作,提高工作效率,而且团队的参与感也能推动整个团队绩效的提高。要做到这一点,团队成员必须坦诚开放。赋能领导者要创造一种开放允许的环境,同时激励团队成员加强学习,提高综合素质和工作能力,从而具有提出建议的资本。

要想成为一名优秀的团队成员,就必须具有积极主动的品质,这种积极主动不能仅仅局限于一时一事,必须让团队成员把它变成一种思维方式和行为习惯。只有时时处处表现出主动性,团队成员才能获得成功的机会。

4. 不等待上司下命令

如果团队成员习惯于"等待命令",一方面,会从思想上缺乏工作积极性而降低工作效率;另一方面,还会养成"为做而做"的工作态度,或者只做自己喜欢的工作。团队成员一旦被这些消极思想左右,任何时候都很难要求自己主动去做事。即使是被交代,甚至是被一再交代的工作,他也会想方设法去拖延、敷衍。事实证明"等待命令"是对自己潜能的"禁锢",习惯于"等待命令"最终会导致团队成员平庸地度过一生,因此领导者要让团队成员体验与意识到工作不能等待。

5. 全面了解公司

认真全面地了解公司是做好工作的基础,它主要包括公司的目标、团队结构、经营模式、管理模式、工作作风等。如此,团队成员才能像老板一样了解所在的公司,在今后的工作过程中争取做到行动更准确、效果更佳。

◇遇到问题，一起解决

让我们一起来看看下面这个故事。

三只老鼠结伴去偷油，可油缸非常深，油在缸底，只能闻到油的香味，却喝不到油，老鼠们很焦急。

突然，一只老鼠想出一个很棒的办法，它提出三只老鼠一只咬着另一只的尾巴，吊下缸底去喝油。大家经过讨论取得了一致的共识，并决定轮流喝油。

有福同享啊，谁也不能独自享用。于是，第一只老鼠最先吊下去喝油，它在缸底下想："油只有这么一点点，大家轮流喝多不过瘾啊，今天算俺运气好，第一个下来喝油，不如自己先喝个痛快。"

夹在中间的第二只老鼠也在想："下面的油没多少，万一让第一只老鼠把油喝光了，俺岂不是要喝西北风吗？我干吗这么辛苦地吊在中间让那小子独自享受？我看还是把它松开，干脆自己跳下去喝个痛快！"

最上面的老鼠也在想："油那么少，等他们两个吃饱喝足了，哪还有我的份呀，不行，必须立即做出决断！"

就这样，最上面的老鼠就放开了中间这只老鼠的尾巴。它们争先恐后地跳到缸底，浑身湿透，一副狼狈的样子，加上脚滑缸深，它们虽然都喝了个痛快，却再也没有逃出缸底。

赋能型团队的合作、协同性就是竞争力。随着市场竞争日益激烈,赋能型团队更加强调团队精神,建立群体共识、协同,以达到更高的工作效率。特别是在遇到大型项目时,想凭借一己之力去取得卓越的成果,可能非常困难。单打独斗的时代已经结束了,取而代之的正是团队合作!

团队的组成不是一个人,如何融入团队,和其他成员共同努力、精诚协助是一件看起来很容易的事情,可事实却大相径庭。团队,除了要依靠卓越的领导者,每个成员都是团队不断融合中不可或缺的一分子。

打造一支高效的团队绝非一朝一夕的事,采用下面的建议可以帮助团队成员更好地融入团队,积极参加团队合作。

一、领导者的合作意识

领导者是团队的核心,是从全局角度把握整个团队方向的人。作为一个赋能领导者,虽然你的权威级别高一些,不过学会熟练地与别人一起完成更多的工作,应该是你为提示自身价值所能做的最重要的事。

1. 分工明确但不呆板

明确的分工可以让每一位成员清楚地知道自己要做什么、什么时候做完、做到什么程度,这样就能避免由于分工不明确而造成的部分人员闲置的问题。如果还不太清楚怎样进行分工,可以尝试给每一个任务都指定一个负责人,这是最简单的方法。这里强调不能呆板的意思是说,当分工确定后,如果某一任务的负责人员遇到了某种困难而无法按期完成,则应该适当调整分工或者让其他成员帮助他们完成,而不要死守原来的分工。

2. 加强团队成员的日常交流

不时地安排一些聚会或者团队整合训练,一起吃饭,打打球,都是加强团队成员间交流的方法。一些小小的活动,对团队非常重要。团队成员的日常交流可以让彼此更加亲近，从而在工作中更容易进行协同，更默契合作。如果平时彼此之间有默契，在工作时的表现就更容易变好。

3. 说话时多使用"我们"

说话的时候多使用代词"我们"，不要使用我、你、他或者直呼姓名，鼓励团队成员也要这样做。这样可以帮助团队成员形成一种集体意识，让他们从团队的角度去想问题，而不是总从自己的角度出发。

4. 让每个人都感觉到自己很重要

虽然说要让团队中的每一个人都感到自己很重要，他们做事才会更有成就感，也更有紧迫感。一个人一旦觉得自己不重要，往往会非常沮丧，从而失去激情，这会导致工作效率和创造力的显著下降。

二、团队成员的合作意识

虽然说每个团队成员都是不可或缺的，但无论你自身能力有多强大，团队少了你依然会继续运行，而且你一个人并不能做完所有的事情，所以不要妄自尊大，要让自己具有团队合作的意识。

1. 让团队成员做好自己的事

团队合作中，最起码的事情就是把自己的事情做好。团队的任务都是有分工的，分配给自己的任务就要按时做好。只有这样，你才能不给别人带来麻烦；也只有在这个前提下，你才能去帮助其他成员，否则就有些轻重不分了。

2. 让团队成员信任伙伴

告诉团队成员要相信自己的伙伴，相信伙伴能够与他协调一致，相信伙伴会理解他、支持他。一个团队只有在信任的氛围中才可能高效工作，如果大家相互猜忌、互不信任，分工就不可能，因为总有一些任务依赖于别的任务。同时，猜忌的气氛会让每一个人都不能全心投入到工作中去，也不利于团队成员协作能力的发挥。

3. 鼓励团队成员为他人着想

不要事事都从自己的角度考虑。如果有任何问题或者遇到什么问题，要让团队成员先从别人的角度想一想，看看怎样能让他人更加方便。这样的人在团队当中会很受欢迎，同时也更有亲和力，而亲和力对于团队合作来说是很重要的。

4. 鼓励团队成员多付出

付出并不是什么坏事，多做一些，可以让团队的工作进展更快，得到更多的好评，能力上也有提高，何乐而不为？当然，并不是付出得越多越好，如果所有的事都让一个团队成员做了，其他人一定会有意见的。

第八章
赋能型团队的团队成员塑造

◇新生代团队成员五大性格特点

新生代团队成员的性格主要特点有以下几点。

1. 价值观多元

在现代社会日趋多元化的环境下,新生代年轻人的价值观跟以往大不相同,他们每天接收到的信息很多,获取信息的方式也多种多样,潜移默化中他们受到各种观念的影响,形成了开放多元的价值观。对事物的认知不再是单面,思考问题的方式也不再是单线,这也决定了他们独立思考的理性思维——务实、讲求效率。

新生代年轻人注重实际,讲究物质享受。当然,这一点不可一概而论,但从当今职场80后、90后的状况来看,多数人更注重物质享受、更实际,这与现如今中国社会快节奏、多元消费的生活方式不无关系。所以,这些80后、90后比较注重考虑自身利益,对物质的重视更反映出他们内心的不安全感,这既有现实的因素,也跟他们实用的价值观有关。

这方面的特点反映到团队管理实践中,体现出种种让领导者头疼的问题,如不服从权威,凡事喜欢从物质激励出发,喜欢自由,不喜欢加班,责任感相对比较缺乏,等等。

2. 以自我为中心、自信

新生代团队成员多为独生子女,从小在家庭里就是中心,在成长过程中,很少受到家里的束缚,这就造成了他们以自我为中心的性格,不喜欢被约束控制，注重自我价值的实现。他们多数都没有亲生的兄弟姐妹，为人处世中考虑更多的是自己的感受，喜欢独来独往，更渴望交到知心朋友，在没有同辈至亲的倾诉对象时，他们希望能在家庭以外找到可以交心的朋友。宣泄自己的情绪，排解自己的忧郁。

以自我为中心往好的方向发展是自信，往消极面发展则是自负，这两种特性新生代团队成员都有。他们内心急于获得他人的肯定，同时又觉得很多事情自己一看就明白，不肯潜下心来去学习别人。对于工作，他们也往往简单地想成老板付工资，他们干活，很容易给团队领导者造成缺乏对团队的忠诚感和大局观的印象。

因此，团队领导者要充分认识到新生代团队成员独立自主的性格特点，引导他们发挥对团队有利的特点，同时在潜移默化中让团队成员不仅以自我为中心，也以团队为中心，激发他们的潜力，为团队创造收益。

3. 年轻气盛，抗压性差

新生代团队成员成长的时代烙印非常明显，他们有很强的既得心理和应得心理，一旦有所付出，立即就要回报，所以他们对成功的期望值往往不切实际，不允许自己失败，过高的期待往往容易导致他们的期望落空。新生代团队成员心理承受力差，抵抗压力的能力不强，初入职场，面对挫折和逆境，情绪波动性较大，缺乏忍受能力，动辄离职，给自身的职业生涯蒙上阴影，也给团队带来损失。

年轻气盛、易浮躁是当代青年人的特点，但是工作中这种性格是不适合的，团队工作需要扎实、努力、沉稳的团队成员来做，所以要磨炼团队成员，特别是当今新生代团队成员。他们的成长经历注定在职场不会适应，但他们的眼界、创造力又是团队必需的，所以领导者要去引导、改变他们，激发他们的潜力，让他们为团队所用。

4. 缺少理想和信仰

很多新生代团队成员处于精神迷茫状态，既没有形成正确的价值观，又没有继承前人的优良传统。同那些将工作当作事业、下班后仍能够刻苦钻研、不断充实自己的同事相比，他们仅把工作看作是离开学校的必然归宿。相对于薪酬的高低，他们更在乎的是工作是否开心、工作环境是否舒服。他们不愿意做踏踏实实的老黄牛，更不愿意做勤勤恳恳的工作狂，他们愿意选择工作并玩着的生活方式。

5. 职业化程度不高

很多新生代团队成员在工作中专业程度不够，职业素养不高，不能以大局为重，总考虑自己在先。不管工作任务多紧急，只要自己不高兴或有事就请假不来，找各种理由逃避加班。有的自视清高，眼高手低，大事做不了，小事不愿做，工作既没效率也没质量，却总有理由、总找借口，总觉得自己被团队"大材小用"。

◇团队新生代成员管理特点

团队新生代成员在个性、需求、成长、关注点和兴趣上较之60后、70后和80后团队成员存在较大的差异，需要团队和领导者在管理准则、制度适用、团队发展、层级关心、团队文化等各个方面多措并举，提升团队新生代成员的认同度和归属感。由此，团队新生代成员的管理也呈现出独特的特点。

1. 尊重个体，遵守规则

如何平衡通用管理准则与团队成员个性之间的差异？无论团队成员，还是领导者，都要做到尊重个体、遵守规则。前者是个性化的、差异性的体验，后者是通用性的、普适性的选择。其中，遵守规则是前提，尊重个体是必然结果；遵守规则是基础，尊重个体则是上层建筑。

具体而言，团队和管理者对待团队成员应一视同仁，在管理要求上没有本质差别，但在管理的方式方法上则需要因人而异、因地制宜。在有些方面，针对70后、80后团队成员的管理方法同样适用于90后和00后团队成员，如对团队成员的关注、关怀和关心，但会更进一步强调管理的统一性和一致性，主要包括：当面表扬，私下批评；以身作则，行为示范；关注领导，关心基层。

2. 交流差异，不触碰制度

如何满足普适制度要求与团队成员个性化需求之间的统一？这一点的管理实质是尊重个体、遵守规则的衍生和延续。对于规则而言，具体可以分为以国家法律、行业法规为代表的外规，及以公司规定、团队办法、操作流程为代表的内规。

其中，法律是底线也是红线，是从团队成员到领导者每个人都必须遵守的基本要求，没有丝毫讨价还价的余地；而公司规定则略有不同，尽管要求团队成员和领导者共同遵守，但更多地指向执行层和操作层，并且在具体执行时可能会遇到"特例"或"例外情境"。后者可以进一步研究、探讨并完善，可能容忍并允许一定程度的创新和差异。

对于团队新生代成员，团队更强调参与式沟通和互相理解的重要性，主要包括：当面沟通，背后莫诽；与人为善，换位思考；未雨绸缪，张弛有度。

3. 团队互动，实现双赢

如何适应团队发展与团队成员个体成长之间的关系？最好的结果是实

现团队与团队成员的共同发展，达到团队与个体的同步成长。

企业等团队的发展必然预示着更丰富的工作机会、更具挑战性的工作内容、更为广阔的职业通道，很多在一家团队工作时间较长的团队成员基本都实现了提升。当然，也可能一些团队成员晋升到了自己不满意的岗位或者没有实现自己的理想，或者一些团队成员晋升到了自己不适合但又难以拒绝的岗位。同理，团队成员的成长也会促进团队的提升，当然这要以团队成员始终坚持在团队内发展为前提。否则，具备一定能力的团队成员流失到竞争对手一方，将对团队带来新的挑战。

团队领导者应及时主动了解团队成员的成长需求，特别注意不多头管理，不回避问题，不逃避责任。

4. **关怀个体，互助成长**

如何协调团队层级差异与个体关怀之间的矛盾？团队内部存在公司、板块、团队等不同类型的层级，想要把各个层级拧成一股绳，持续关怀个体其实并非易事。首先，需要团队从公司治理层级，也就是战略层级达成共识；其次，还需要团队在板块层级给予适当的支持，特别是部门、业务单元的领导者要对团队新生代成员的诉求给予足够重视；最后，还需要团队的支持，毕竟团队是团队新生代成员朝夕相处的小环境，领导者对团队建设和团队氛围的打造具有最直接的影响和责任。

团队领导者应定期与团队成员互动，关心团队成员的困难并切实施以援手，特别注意不高高在上，不反复折腾，不贪功邀赏。

5. **三观正确，文化护航**

如何使团队文化价值与团队成员兴趣点相互契合？团队文化是团队凝聚力的重要支撑，是团队向心力的关键体现，是团队盈利能力的主要保障，也是团队核心竞争力的突出体现。团队新生代成员管理，更应考虑文化的积极作用，把团队文化作为团队发展、团队建设、团队成员保障的重要抓手，善于采用团队新生代成员喜闻乐见、自愿接受的方式来发挥团队积极作用，主要包括保持定力、契合兴趣。

◇关注团队精英成员的成长

传统的领导者把大部分精力用在团队的绩效增长上，而赋能领导者把更多的精力投入在团队精英成员的成长上。"一阴一阳之谓道"，当期绩效好比是迈起来的这条腿，一到年底，当期绩效就变成经营年报上的数字，新一年团队绩效还能否持续就要看即将迈起——当前还踏在地上——的另一条腿，这条腿代表着团队精神状态、能力和方法套路等。

赋能领导者必须深谙这层道理，把团队状态和团队能力当成常抓不懈的大事，切实关注每一个团队成员在工作中的持续成长，让他们在做好当前工作的同时得到充分的锻炼和成长。也只有如此，他们每年的成长才能支撑起次年的业绩增长。从这个角度看，挑战性工作不仅是业绩增长的需要，更是团队成员自身成长的必需。具体方法有以下几方面。

1. 帮助团队成员获得最深的感触和最快的进步

出现问题的时候，团队成员一般都会经历痛苦的心路历程，在工作中可能会出现明显的低潮。在这个时候，如果领导者有时间等待，那么就不要着急去解决所谓的问题，因为此时团队成员能够感受到挫折。如果没有经过内心深处深刻的反思，就对团队成员的思想进行疏导或梳理，很难达到真正的目的。最好的时机是在团队成员经历了挫折与反思，已经开始从低潮逐步回升的时候开始介入，双方才能用最有效的交流解决最棘手的问题。

2. 鼓励团队成员充分展现和发挥自身能力

作为一个领导者，应重点关注给予团队成员方向而不是方法，在明确方向的基础之上给予团队成员充分的空间，让团队成员为了确定的目标充分发挥能力。在这个过程中，不要过多地干涉团队成员的做法，而应默默关注他们对工作的态度、思维的逻辑、工作的技能，要发现他们优秀的一面，同时清晰观察并确认每一位团队成员的问题与缺点，并选择在适当的时机帮助他们进行优化和改善。

3. 引导团队成员在错误中成长

每个团队成员都是在不断犯错中成长的，在工作中要给予每个团队成员充分的理解和信任。每个团队成员都会犯错，要做好充分的思想准备来迎接各种错误或失误，这是每位领导者都应该始终铭记在心的基本原则。当错误发生时，不是指责，不是抱怨，不是处罚为先，而是复盘来看：是实际信息有误，流程出错，还是技能不足？在错误中可以避免的是什么？重新来过一次要怎样避免这个错误？是个体性错误，还是群体性错误？在错误中做得好的方面是什么？这个错误给予我们什么启发？这样才能从已发生的错误中学习。

团队成员的成长需要团队付出代价，不但需要专业的管理技术，更需要微妙的管理艺术。当然，每个领导者的管理艺术都不尽相同，帮助每位团队成员成长的方法更有很大不同。观察团队成员，用心帮助他，这是一位优秀团队领导者应该具备的基本素质！

◇授权：给团队成员充分的决策权和施展空间

在传统团队中，领导者一般都会认为自己是最聪明、最有主见、最有经验的，不管做任何工作，都希望团队成员来请示自己，因为他们都希望对业务和团队有掌控感。可是，领导者的掌控感多一些，团队成员的自由度就会少一些，领导者的控制多一分，团队成员的抵抗也会多一分，这样会造成严重的团队能量内耗。

在日新月异的互联网时代，领导者在客观上已经不再是最聪明的人了，需要给团队成员足够的授权。充分授权不仅是团队推进各项业务的必需，还是团队成员在工作中修炼、成长和享受工作乐趣的需要，更是赋能型团队的重要原则。

1. 明确任务要求

要让团队成员了解自己在授权下必须达到哪些具体目标，以及在什么时间内完成目标。清楚了这些，团队成员才能明确基本的行动方向。授权不是单单把工作丢给团队成员，还要让他们明白领导者期盼什么，否则领导者授权一个模糊的指令，团队成员也根本不知道怎么办。为了方便理解，这里举两个例子。

情景一："小明，你负责今年××项目的推广工作，好好干，年底给你大红包。"

情景二:"老张,本年度××项目的线下推广工作由你来负责,公司希望产品在北上广深等一线城市的占有率达到30%以上,达成目标,年底公司会给你发个10万元的大红包。"

以上情景中,看似被授权的小明实则是满心茫然,项目的推广工作包含什么?从哪儿开始推广?做到什么程度算是及格,什么程度又算是优秀?年底奖金咋算……而老张则不同,他可以根据公司期望的目标进行市场调研,规划全年的推广工作,然后将具体目标拆分成实际的工作步骤并逐一实行。

没有目标时,所有的风向都是错的。有效的授权一定是能让团队成员看到明确的要求,并使目标可拆分和可达成。

2. 给团队成员对等的资源

俗话说得好,"巧妇难为无米之炊",在授予职权的过程中,领导者不是简单地将职权一放了之,还要为团队成员提供足够的资源、工具、方法和方向。这也是很多领导者容易忽视的一点,继而想当然地以为权力都给成员了,成员自己解决问题即可。

公司打算针对新产品做宣传,负责的相关部门团队成员跑来说:"老板,新产品宣传大概需要50万预算。"

"预算?公司没钱,你们自己想想办法。"

"想了,我们打算跟合作的公司资源置换,您看公司能否将××资源提供给我们?"

"这个资源拿出去置换不大合适,你们再想想其他办法。"

"要不给我们配20个人,我们自己去做推广。"

"公司项目紧任务重,抽不出这么多人。"

"老板，公司有啥是能用的吗？"

"权力都给你了，你要自己想办法。既然授权给你就是看重你的能力，我相信你一定行的……"说完，老板挥挥手走人，留下该团队成员独自在风中"凌乱"。

授权不只代表责任的转移，还要进行相应资源的转移，保证被授权人顺利行使职权，开展工作。不给资源的授权，则是名义上的虚假授权，是无法解决具体问题的。

3. 不要逆向授权

授权是辅导团队成员成长最好的方式之一，授权本身也是一种辅导，但在授权过程中有个绝对要注意的事项：被逆向授权。管理专家曾把团队成员遇到的"工作问题"形象地比喻成"猴子"，现实工作中这只"猴子"常借助"逆向授权"之手，在团队成员和领导者之间跳来跳去。

如当下属向你请示的时候，如果你回答说"我想一想，一会儿再告诉你"，那么半小时之后下属就会站在你的门口，敲门问"领导，您考虑得怎么样了"。本来这是需要下属来解决的问题，你需要做的是检查他的完成成果，可如今却变成了他来检查你了！于是，猴子就跳到了你的背上。领导者手忙脚乱，逐一为团队成员做决定，不断被团队成员牵着鼻子走，处理一些本应由团队成员处理的问题，在某种意义上，领导者沦落成为团队成员的手下。

既然是授权，那么权力就应该是归属领导者所有，只是把权利给到团队成员。这种情况下，最重要的原则是"可以替下属承担责任，但绝不能替下属做事"。权力是你的，做砸了，你可以承担责任，但不能替下属做事情，否则授权就失去了意义。对团队成员来说，真正意义上的授权和辅导就是，眼睁睁地看着下属把事情做错，而不插手。

4.授权要广而告之

授权一定要在公开场合进行,让相关部门和人员了解到被授权人的工作目标、工作内容、权力范围等内容,减少被授权人在后续开展工作时遇到的阻力。关起门来授权是一种很糟糕的授权形式,最有可能发生的情况:要么是有人不买账,要么是无人知道被授权人的权力大小,致使无人监督,被授权人的行为偏离预期。

总之,有效授权对领导者、团队成员和团队三方都是有利的。充分掌握了以上几个授权要点,对于领导者,可以空出较多的时间做策略性思考;对于团队成员,可以学习新的技巧和专长;对于公司,可以提高整体的运转效率,增强团队的灵活性。领导者永远不要妄想一个人独撑大局,要仔细挑选人才,雇佣人才,然后授权给他们负责,让他们独立作业,帮助他们成功,也是在帮助自己和公司成功。

◇成就:帮助团队成员寻找隐藏在工作中的成就感

传统领导者最大的成就感源自组织绩效,常常是领导者成就感越大,团队成员的成就感越小,因为表面上看,一切团队绩效都是领导者管理有方的结果。而赋能领导者最大的成就感来源于团队成员,世界知名的领导力变革专家诺埃尔·蒂奇说:"成功的领导者会教导他人成为领导者。"领导者要将过去撸起袖子亲自抓业务、颐指气使控制团队的精力,转移到支持和辅导团队成员取得成功上来。

曾经有人惴惴不安地问我："老师，你说的这一套方法我懂，也支持，我唯一担心的是，真要按这种方法去做，我如何在团队成员心目中树立威信？"我问他："你觉得'领导'和'老师'这两个称谓，哪个更有含金量？"事实上，当老师比当领导更难，也更能赢得下属的尊重！

帮助每个团队成员寻找隐藏在工作中的成就感，是赋能领导者的重要责任，因为艰难经历和巨大挑战的背面就是成长的机会和成就感。此外，很多时候，领导者给团队成员成就感远远比给他知识技能、方法工具更有价值。那么，怎样才能培养团队成员的成就感呢？

1. 增强团队成员的自信心

自信心是个人事业成功的前提，一个平时总是唉声叹气的团队成员，是难以取得成就感的。通用电气前CEO杰克·韦尔奇这样告诉团队成员："如果GE不能让你改变窝囊的习惯，你就应该另谋高就。"领导者通过自己的言行向团队成员传递积极正面的信号，可以让团队成员从中认识自我，发挥潜能，做得更好。如果他们失败了，不要打击，要允许他们在失败中学习成长。同时，可以鼓励团队成员参与拟定团队的经营发展战略，让普通团队成员也体会到参与决策的成功和喜悦。

2. 提供适度挑战性的工作

领导者都希望团队成员每天学到一些新东西，在一定程度上实现一些个人目标。所以在实际工作中，赋能型团队的领导者总会给团队成员提供一些具有挑战性的工作，而这个挑战是团队成员可以通过自己的努力，或者从上级那里获得帮助而战胜的，团队成员就能获得非常大的满足感。

3. 用能力和价值来衡量团队成员

金钱和地位也是对个人成就和价值的一种肯定。研究表明，金钱带给团队成员的成就感和团队的薪资、升迁制度的公平性有直接的关系。在保证公平公正地对待团队成员的前提下，领导者可以将团队拉开收入档次，用量化的经济指标来衡量团队成员各自的能力和价值,建立起能力优先机制。

4. 提供富有成就感的工作环境

环境对一个人的影响是巨大的,关于这一点毋庸置疑。对于优秀的团队成员,可以为他们提供激励他们的工作环境,如私人办公室、专属的秘书、专用的停车位,从而为团队成员创造催生成就感的人际环境。

5. 不要走入误区

在培养团队成员成就感的过程中,要避免三个误区,如表8-1所列。

表 8-1　培养团队成员成就感的三个误区

误区	说明
千篇一律	每个团队成员都有自己的特点,要针对团队成员的具体情况,分析各种方法对个体团队成员的作用,使用不同的方法来培养团队成员的成就感,切忌千篇一律
过分强调成就感	成就感是自我激励的源泉,在一定程度上可以起到高于物质激励的作用。但是,也不能过分看重精神激励的作用,一味强调从精神上调动团队成员的积极性,会失去使激励产生作用的必要物质基础
过分监督	过度严密的督导只会让团队成员变成听话的机器,遏制了他们创造力与想象力的发挥。将完成本职工作所需要的权力赋予团队成员后,领导者就要离开,虽然领导者可以帮助团队成员更顺利地完成工作,但不能任何事情都要过问,而要靠各种制度和适度抽查来对团队成员进行监督

对成就感的渴望是每个人与生俱来的本性。对于团队成员来说,真正有效的激励必须通过内心而发挥作用。因此,作为团队的领导者要认识到团队成员的这一需求,着重培养团队成员的成就感和事业心。

◇策略：有策略的行为才是可复制的行为

领导者给下属充分的授权，让他们在工作中获得足够的成就感，那么随之而来的就是要让他们在工作中掌握做事的方法和策略。遇到问题，一时半会儿找不到答案并不要紧，关键是要知道用什么方法和策略去寻找答案。

大学毕业之后，小米在职场生涯中的第一家公司一干就是三年，已经达到了稳定的标准。

能在一家公司坚持这么长时间，自然是认同了公司的价值观，但是随着时间的增长，小米渐渐对自己的待遇产生了疑惑：即使是刚入职的新人工资都比小米高，要说不在乎那是骗人的。

眼看就要到年底，完成了经理交代的总结任务后，小米鼓足勇气，来到经理办公室，为自己争取应得的利益。"经理，今天我有个事想和你沟通一下，你看今年新招的团队成员，工资都比我高，我在公司干了三年，也算得上是老团队成员，能否长点工资？"

经理觉得这个要求很合理，可是决定权在老板手上，他很无奈："小米，你当然是公司的老团队成员，只是薪资标准这个问题，我帮你们申请过，我也不怕告诉你我的工资，几年了也就是这个价，除非业绩好，否则都一样。"

"难道说在老板眼里,老团队成员还不如新团队成员重要吗?"小米不满。

看小米有些激动,经理就说:"可以这样理解。新团队成员是市场价,跟大环境走,薪资达不到人家的要求,人家就不来,入门工资高不奇怪;老团队成员刚好相反,既然进来了,能赚多少全凭自己的本事,即使涨工资,也是有条件的。"

小米说:"经理,我也知道这事找你有点难为你,那我应该怎么做才能得到满意的工资呢?"

"我这话你能听进去就好,也不兜圈子了,我之前跟你说的几个做事方法一定要重视,这么做都是为了提高自身的竞争力,哪怕是以后换个地方,也是高工资的筹码。"

经理之所以这么说,并不是鼓动小米辞职,但也只有这样说,才能让小米知道这是真的在为他好。

"好的,我知道下面该怎么做了,谢谢你!"

其实对于经理来说,一般都知道培养一个老团队成员的难度,可制度是公司定的,工资也是老板发的,在无法解决问题的情况下,他只能采取必要的做事方法来挽留团队成员。

方法技能是团队智慧的核心,优秀企业之所以能够批量"生产"领导者,与他们重视方法技能的培养关系很大。在团队中,培养和普及方法策略的最佳途径不是培训,而是领导者带领团队用方法和策略解决实际业务问题,在工作中持续强化和固化方法策略,让下属成为有策略的人才,这是充分授权的前提和保障。主要内容有以下几点。

(1)任何时候都要给自己制订计划,并规划好时间节点,掌握好工作节奏;

（2）工作之前想清楚大概的细分步骤，不能上来就干，不能想得太多；

（3）工作要一件一件地完成，不能三心二意；

（4）分清工作的主次，争取把最重要的做到最好，剩下的只要合格即可；

（5）在不知道怎么做的时候，回到源头去市调，先熟悉问题，再解决问题。

或许很少有领导者会以这种方式来挽留团队成员，在明知留不住的情况下，教会他人职场生存最宝贵的做事方法，让他人对自己心怀感激，又何尝不是一件好事呢？

◇迭代：在迭代中发展和成长

互联网时代已经不能容忍先做需求分析，再做总体设计和详细设计，而后开发和测试的工程化思想。取而代之的是生物成长代谢式的迭代思想。赋能型团队是先行动，在行动中调整，不做完美决策，而是做次优决策。快速决策，快速行动，主动犯错，在小结果中复盘总结，在开发产品时要先做出一个简单的原型，称为最小化可行性产品（Minimum Viable Product，MVP），然后把MVP当作与用户沟通和寻求反馈的工具，快速迭代，不断修正产品，最终适应市场的需求。我认为这种敏捷迭代的思想可以泛化应用，且可以作为赋能领导者的重要理念和做事方法。

事情没必要也不可能设计到位再开工,而是有一点想法就快速付诸行动,一旦行动见效果了,就快速复盘和反思,采取必要的纠正措施并再融入一些新的想法,就这样慢慢地从无到有,从丑小鸭演变成白天鹅。这就是创造性团队的运作策略。

赋能型团队会在每一次迭代中,既要求业务本身有成长,又要求每一个参与的团队成员也有成长,还要求领导者本人更要有成长,一切都在迭代中发展和成长才符合自然法则。也正因为如此,赋能团队才能真正做到:塑造团队成员的同时,团队成员也在塑造领导者;成就下属的同时,下属也在成就领导者;推进业务的同时,也在业务中磨炼所有人。

1. 营造创新的团队氛围

团队文化对团队成员的价值观有着潜移默化的作用,是影响团队成员思想的灵魂。领导者不能像团队成员日常工作一样要求团队成员有什么创新的行为,但是可以营造一种创新的文化氛围,用价值观来影响团队成员。

同时,领导者和老板可以用自己的行动来告诉团队成员创新的重要性,让团队成员了解公司非常注重管理的价值。如有家公司的知识创新秘诀之一就是努力创造一个有助于创新的内部环境,建立有利于创新的团队文化,公司文化突出表现为鼓励创新的团队精神,包括"尊重个人的首创精神";坚持"不得扼杀一个新产品的创意",鼓励团队成员发挥主观能动性等。这是实现公司价值的最大资源。

2. 释放团队成员智慧,搭建创新平台

团队成员都工作在最前线,特别是最了解工作内容的一线团队成员,也是最了解问题的团队成员,所以要给团队成员思考的空间,激发团队成员的热情和参与感,让团队成员有机会、有渠道可以表达自己的想法,搭建不受层级和部门阻碍、能够发挥创新的平台。

3. 给团队成员创新奖励,鼓励试错

创新需要尝试,提的创意不可能都是符合实际情况并能够实行的,需要团队给予试错的机会并包容。想要更好地激发团队成员的创新动力,就要给团队成员更多的机会去大胆表达,可以用一些合适的奖励措施来进行表扬和激励,如现金奖励、带薪假期、升职加薪、产权奖励或公开的认可奖励等,都可以根据公司的情况进行安排。

第九章
赋能型团队的领导力赋能

◇赋能型领导者的特质

赋能型领导者一般都有着下列一些特质。

1. 自信

赋能型领导者都是自信的,他们不仅相信自己的能力,更相信团队成员的能力。做任何决定,他们都敢于拍板,不会缩手缩脚。

2. 利他

赋能型领导者都有利他原则,他们的决策或做法要么会有利于客户,要么会有利于员工,绝不会独吞好处和利益。在下属或合作伙伴遇到问题的时候,赋能型领导者会为他们提供帮助。

3. 懂付出,成就团队成员

赋能型领导者懂得付出,会将成绩主动送给团队成员,会让团队成员产生成就感。在他的带领下,团队更容易做出成绩。

4. 有使命感

赋能型领导者会以企业发展为使命,会关注下属成长,关注团队,关注社会。同时,他们也会将使命感传递给下属,增强团队的使命感。

5. 相信他人

赋能型领导者会信任他人,不管是下属,还是客户,他们都会给对方足够的信任。

6. 看重创造，而非失败

赋能型领导者更加看重创造，会将自己的注意力集中在创造上。即使失败了，他们也会积极思考，吸收经验教训，再接再厉。

7. 对人坦诚

赋能型领导者会对他人坦诚相待，不会抱残守缺，不会刻意隐瞒，在他们的手下，员工工作更顺心。

8. 厚积薄发

赋能型领导者懂得积累，他们会不断地在工作中学习，向团队成员学习，懂得厚积薄发。

◇以心为本的激发

赋能型领导者更加重视以心为本，日常团队管理中更加关注以下几个方面的内容。

1. 先关注人，再关注事

为了让员工心服口服，跟工作比较起来，他们往往更关注员工本人，如员工的喜好、家庭状况、身体状况等。举个例子，如果员工生病，他们会让员工先看病，而不会逼着员工先去工作。

2. 先关注心情，再关注工作

心情会影响工作的效果，因此在心情和工作的比较中，赋能型领导者一般都更关注员工的心情。他们会让员工怀着愉快的心情去工作，如果员工心情压抑，他们可能会想办法让员工开心起来，扫除抑郁情绪。

3. 既关注成果，更关注成长

对于员工，他们不仅关注员工的工作成果，更关注员工的成长，因为他们知道，只有员工成长了，工作效率才能提高，工作绩效才能提高，团队业绩才能增长。

4. 既关注过往经验，更关注创造性

经验，是一个人过去工作的积累；创造，是一个人创造性思维的发挥。赋能型领导者既要求员工不断积累经验，更会鼓励员工积极创造。

5. 既关注企业与组织价值，更关注成员个人价值

赋能型领导者不仅关注企业发展，更重视员工个人价值的实现。如此，才能将员工的积极性激发出来。

6. 既关注当下，更关注背后

遇到问题的时候，赋能型领导者不仅要关注目前发生的事情，更要关注事情背后凸显的问题。只有多加思考，找到问题的所在，才能积极想办法解决问题，对错误加以改正。

赋能型领导要做到"五做"和"五不做"。

1. 不再提供答案，要提出目前的问题

员工遇到问题的时候，不要一下子就将答案告诉他们，要让员工多思考，针对目前的问题多想办法。

2. 不致力于保护员工，要让现实的折磨刺激大家进行适应

遇到威胁的时候，不要像母鸡保护小鸡一样将员工抱在怀里，要鼓励他们提高环境适应能力，迎着困难而上。

3. 不再训练员工扮演当前的角色，要解除既有定位，促使新关系发展

不要让下属扮演目前的角色，要为他们树立新的目标，改变既有定位，从而获得发展。

4. 不再致力于平息冲突，要主动提出值得正视的问题

员工之间如果发生了冲突，不要一下子打压或平息，要让员工正视这个问题，多加思考，提高团队凝聚力。

5. 不再致力于维持常态，要挑战"我们做生意的方法"

赋能型领导不能故步自封，要多动脑筋，敢于接受各类挑战。

◇ 自我发展，自我超越

只有通过个人发展，团队才能发展。虽然领导者的发展并不保证整个团队也在发展，但是没有个人发展，团队发展无从开始。因此，在赋能型团队中，领导者更重视如何自我发展、自我超越。

要实现自我超越，就必须把它当作一项修炼，即通过实际应用来验证的一系列练习。如此来说，它的背后就包含两个动作：首先，要厘清到底什么对自己最重要。很多领导者总会花太多时间来应付路上遇到的问题，而忘了自己为什么要走这条路，结果对于自己真正重要的目标反而辨别不清。其次，要不断学习如何更清楚地看清目前的真实情况。在情况已经恶化之时，自欺欺人地佯装每件事情都没有问题，最后只能一败涂地。

1. 建立清晰愿景

大多数人对于真正愿景的意识都很微弱，在被问起想要什么时，许多人想到的往往是他们眼前想要摆脱的事情，如想要换一个更好工作，想要迁居到环境较佳的地区，等等。

目前看来，使愿景逐渐实现的一种微妙形式就是专注于手段，而非结果。如许多高级主管选择将高市场占有率作为他们愿景的一部分，因为他们想要公司获利。有些人可能认为获利就是最终结果。但是，对有些领导者而言，利润是达成一项更重要结果的手段。或者领导者想要保持公司实力，以维护创业时的宗旨。

上面提到的这些目标都是正当的，然而"忠于创业的宗旨"，对某些高级主管而言，具有最重大意义，其余的都是达成目的的手段，而手段在特殊情况下可能会变。建立清晰愿景，把焦点放在真心追求的终极目标上，而非仅放在次要的目的，这种能力就是"自我超越"的基石。

萧伯纳说："生命中真正的喜悦，源自当你为一个自己认为至高无上的目标献上无限心力的时候。它是一种自然的、发自内心的强大力量，而不是狭隘地局限于一隅，终日埋怨世界未能给你快乐。"在学习型团队中，愿景反映出的是每个人内心真正最关心的事。面对挫折时，他们之所以能够坚韧不拔，就是因为有清晰的愿景，认为这是自己分内该做的事，觉得很值得做。当意愿变得很强大，效率自然就会高。

2. 保持创造性张力

即使愿景是清晰的，领导者对于谈论自己的愿景依然会遇到困难。因为他们会敏锐地意识到存在于愿景与现实之间的差距，如我想要成立自己的公司，但没有资金。这种差距使一个愿景看起来像空想，从而使他们感到气馁或绝望。相反，愿景与现况的差距也可能是一种力量，将领导者朝向愿景推动。由于这种差距是创造力的来源，因此可以把这种差距叫作"创造性张力"。

假想在你的愿景与现况之间有一根拉长的橡皮筋。拉长时，橡皮筋会产生张力，代表愿景与现况之间的张力。张力的消除只有两种可能途径：把现况拉向愿景，或把愿景拉向现况。至于最后会发生哪一种情形，在于愿景是否坚定不移。

创造性张力是自我超越的核心原理，它整合了这项修炼的所有要素。可是，大部分领导者对创造性张力有误解。由于创造性张力常常夹杂着焦虑、悲哀、气馁、绝望和担忧等，以致领导者易于将创造性张力与这些情绪混淆，甚至以为创造过程就应该处于焦虑状态。所以，要认识到因创造性张力而产生的负面情绪并不是创造性张力本身，而是所谓的情绪张力。

消除情绪张力并不难，所付出的唯一代价是放弃真正想要的愿景。在团队中，对情绪张力的容忍不够，就会让目标受到侵蚀。因为没有人愿意担任传达坏消息的信差，最容易的方法是假装没有坏消息，或干脆声称胜利。

创造性张力可以转变一个人对失败的看法：失败不过是做得还不够好，是愿景与现况之间存在的差距；失败是一次学习机会，便于自己看清对现况的不正确认知，体察策略为何不如预期有效，并能检验愿景是否正确。

3. 看清结构性冲突

领导者要时刻警惕自己不要掉入误区中，还要看清阻碍自己创造及实现愿景的这股强大的、结构性的负面力量，让它在自己心灵、智慧的强光照射之下无所遁形。

越是接近愿景，拉离愿景的力量越大。这个向后拉的力量以多种方式呈现：开始询问自己是否真正想要此愿景，感觉完成工作愈来愈困难，意外障碍在路途上突然冒出来，或者周围的人让你感到失望，等等。事实上，当领导者在寻求一个愿景时，一旦产生了无力感或不够资格的想法，就表明结构性冲突的力量开始活动，开始要阻止他成功。然而，成功的人是如何克服结构性冲突的力量以获得成功的呢？

一般对付"结构性冲突"的常见策略有三种，每种都有缺失与限制。

（1）消极地让愿景被侵蚀。这是常见的一种策略。

（2）"操纵冲突"。指通过刻意制造的假性冲突张力，来操纵自己或他人更加努力，追求想要的，或避免人们所不想要的。领导者擅长运用这种方式来激励人们。可悲的是，一旦习惯于运用操纵冲突的方式，便会陷入舍本逐末结构，认为只有通过连续的焦虑与害怕状态才能使自己成功，于是开始依赖情绪张力，导致最终即使达成目标，也不会感到喜悦。

（3）运用"意志力"。指全神贯注地去击败达成目标的过程中所有形式的抗拒力。多数高度成功的人具有过人的意志力，常把这项特性看作与成功同义：愿意付出任何代价，以击败所有阻力。但意志力带来的问题是，可能造就一种没有效率的成功。自己达成了目标，但耗费了巨大的心力与资源，于是开始怀疑所做的一切是否值得。

这些应对策略，在某种程度上无法避免。它们是一种根深蒂固的习性，无法在一夜之间改变。能够解决结构性冲突的杠杆点到底在哪儿？如果结构性冲突起于内心深藏的信念，就需要从改变信念开始。但心理学家一致同意，像"无力感"或"不够格"这样的根本信念，无法轻易改变，因为信念在人生早期就开始发展。只要抱持固有信念，自我超越就不易开展。矛盾的是，信念只有在自我超越过程中才会逐渐累积或改变。

4. 诚实地面对真相

有时，也可以用一项人们自古奉行、简单却睿智的策略，作为处理"结构性冲突"的开始，那便是说真话。诚实地面对真相不是指追求一项绝对的真理或追究万有之本源，而是根除看清真实状况的障碍，不断地对自己心中隐含的假设加以挑战。

在处理重大计划时，一位领导者常觉得别人在紧要关头时不支持自己。在发生这种情形时，他会勇往直前地孤军奋斗，克服别人的不尽心尽力。过了许多年他才看出，这种重复发生的模式是他所惯用的"意志力"策略的特殊方式。辨认出该模式后，当再遇到同人不尽心尽力时，他开始采取行动——变得比较不会生气，反而接受这种有些刺痛的感觉。由此他开始思考：原因可能是自己创造了不可能完成的工作，或是某些方面领导不当。

发现在暗中运作的结构，对于高度自我超越的人而言，是一件喜事。因为有些结构很快就可以改变，有些则只能逐渐改变，如结构性冲突。确认了结构性冲突的起源后，需要做的是，对这些结构做更有创意的变革，而不是去与结构缠斗。只要找到一个运作结构，结构本身就会变成"真实情况"的一部分。而诚实地面对真实情况的意愿越强，看见的真实情况也就越接近真相，创造性张力也就越有力量。

5. 巧妙运用潜意识

"自我超越"层次高的人最引人注意的一项特质是，他们能在意识与潜意识之间发展出较高的契合关系。不同于普通人偶然短暂的感应，他们将潜意识的运用当作一种修炼来提升。

潜意识跟管理与团队有关吗？京都陶瓷的稻森胜夫说："当我全神贯注时，我便进入了潜意识的心。据说人类有一个意识层的心和一个潜意识层的心，而后者的容量远高于前者。"

潜意识对于学习非常重要，领导者应该把熟练部分交给潜意识来管，将意识专注于新事物上。可是，对于如何熟练这些技能，不断发展一般意识与潜意识之间的契合，多数人并不曾仔细考虑过。然而，这正是"自我超越"的最重要部分。

心灵处于平静，当你专注于某些特别重要的事情或愿景的某些方面时，潜意识便会浮现而不易分心。但培养潜意识最重要的是，它必须契合内心真正想要的结果。越是发自内心深处的良知和价值观,越容易与潜意识契合在一起,有时甚至本身就是潜意识的一部分。

◇改变自己的心智模式

领导者潜在的心智模式,是影响团队正确决策和创新的关键因素。

和普通人一样,领导者的心智模式往往受到个性特征、教育经历、家庭背景、工作经验及社会文化、团队文化、信息等多种因素的影响。这些因素可能会导致很多领导者在日常工作的决策中,过分依赖经验、主观判断和常规行为模式,继而阻碍团队变革、个人创新、管理革命及把握市场契机。

在中国名牌大学和知名商学院中,由于受到近年来中国市场上商品经济发展和物质资本积累的影响,加上中国教育制度过度强调的智商、技能、书本知识和死记硬背,使很多优秀学生在毕业前几乎丧失了根据自己的个人兴趣和爱好选择未来职业的能力。而这种影响,还会影响到团队的建设。

今天的世界变得日趋扁平、多元和复杂,产品竞争、人才竞争日益白热化,团队领导者用一种新的思维方式代替传统的心智模式显得尤为重要。那么,应该如何改变?

1. 发展自己的价值体系和信仰

没有追求、没有目标、没有渴望、没有信仰的人,不可能发展并保持自己的独立人格，更不可能改变自己在生活、工作上从众随流的传统心智模型。无私才能无畏，人生的终极价值目标可以给人带来力量和勇气，带来与众不同的心智模式和行为举止。

被授予诺贝尔和平奖的孟加拉国银行家穆罕默德·尤努斯博士，1969年获得美国范德比尔特大学经济学博士学位，但他毅然放弃大学教职，回到贫穷的祖国，创办了格莱珉银行，努力改变孟加拉国农村经济和社会发展的面貌，走向了一条多数经济学家都不愿意走的不归路。他说："人们极其饥饿，我却无能为力。作为一个经济学家，我的工具盒里并没有解决这种情况的工具……我决定忘掉工具盒，做一个有良知的人，出去帮助别人。"

据报道，在格莱珉银行的639万个借款人中，58%的人及家庭已经成功脱离了贫困线。尤努斯还将乡村银行模式复制到世界各地，包括中国。

2. 兴趣、梦想、执着、专注

改变传统心智模式的一个重要因素是，要求人在工作、生活中永远保持一颗好奇心，对新鲜事物保持浓厚的兴趣，不断做梦。这种好奇心和梦境能够使人保持独立的人格和品质，维持强势的内控能力，并发展出一种反常规的心智模式。

20世纪70年代，微软的创始人比尔·盖茨对计算机软件行业的发展有着一种超强的梦想和追求。靠着这份执着和直觉，他毅然离开哈佛大学而集中精力发展事业，所以才能成为今天的技术巨人和世界首富。

戴尔公司的创始人迈克尔·戴尔同样在15岁时就对台式计算机表现出极大的兴趣。这种兴趣变成戴尔对计算机产业的憧憬和执着，最终使他从得克萨斯大学退学而专注于戴尔计算机公司的发展。戴尔在整个PC业界所向披靡,坐上了戴尔公司的第一把交椅。

乔布斯对创新的专注和执着,同样使他在20年里发展出自己独特的人格特性和心智模式。在个人曲折而坎坷的职业生涯中,乔布斯专注于不断创新,把苹果公司在发展过程中遇到的每一次危机都变成了商机、利润和美誉。

3. 相信自己的直觉和想象力

成功的企业家和领导者都有着灵敏的嗅觉,他们既不是书本知识的奴隶,也不会被社会或市场出现的潮流所迷惑。他们是一群特殊的人才,能够在大家都不看好的情况下凭着自己的商业嗅觉去捕捉机会,不会机械地运用自己熟知的理论知识、逻辑推理或战略规划。

在中国社会复杂的经营环境下,团队领导者不可能从书本上找到灵丹妙药,必须根据自己的想象力、经验、直觉对未来进行预测,对市场上和团队中突然发生的变化做出及时的决策和判断。

◇带好队伍,赋能他人成为领导者

团队要在未来的竞争中取胜,领导者最应该转型成为赋能型领导者,充分激发团队成员深层次的内在动力,并在工作中培养下属的业务推进和带领团队的能力。

1. 做好带头人

每个团队都需要规章制度来指导团队的运营，这些规章制度的制订和执行是领导者的责任，自然公司和领导者也希望团队成员遵守这些规章制度。这些规章制度应当有助于团队取得成果，有助于团队成员完成工作。领导者要确保规章制度的有效性，要能使规章制度得以有效地执行。

制度是战略的保证。俗话说，"没有规矩，不成方圆"，纪律是执行路线的保证，路线确定下来，领导者是第一重要的，要带头遵守执行好团队和自己制定的制度。

做领导的要两手抓，两手都要硬。一手抓战略，一手抓管理，管理要细化。管理是对细枝末节的管理，它是个苦差事，因为要深入到举手投足、细枝末节当中去。

有人总觉得领导者要管大事，要管全局。从团队分工的原则来讲，这是对的，可从管理的手段与艺术上，领导者一定要深入到具体的细节，抓住细微的小事，这样才不会与真实隔绝，才能管好大事，管好全局。随着IT技术的发展，扁平化团队的结构是趋势，领导者应该，也必须能够管好细枝末节。在抓管理时，切记不能随心所欲，随意表态。

2. 具有大局观念

处在不确定的时代，未来是什么样子，没有人知道，只能摸着石头过河，在过程中找寻适合自身发展的模式与道路。知识经济、全球一体化和信息社会的到来，让中国企业和企业家感觉到巨大的力量，并怀有深深的危机感，正如华为总裁任正非所说，"在这瞬息万变的信息社会里，唯有惶者才能生存"，张瑞敏也说，"我每天都战战兢兢，如履薄冰"。总之，企业的领导者要有所为，有所不为，要努力学习，综观世界企业风云，要用战略眼光去看问题，想问题，处理问题。面对新的竞争秩序，领导者不能再醉心于财务报表，必须着眼于远景规划、价值观念、商界网络、企业文化等软技能。

俗话说,"有容乃大,无欲则刚""宰相肚里能撑船",有多大的胸怀就能办多大的事。领导者要胸怀宽广,立足团队,放眼未来。同时,要学会宽容。宽容是一种美德,宽容不会使领导者失去什么,相反会使领导者得到不只是一个人的心。

3. 勇于承担责任

一个人有多重要,通常与他愿意担负的责任有多少成正比。老子曾说,"受国之垢,是谓社稷主;受国不详,是为天下王"。他认为,一个人愿意负载多大的责任,就会有多大的成就。

当领导者说出"这是下属的错"时,表示他根本不愿意为团队成员负责任;相对的,上司犯错误,如果团队成员以事不关己、高高挂起的态度来对待,那么他就无法对这件事情产生影响力;如果团队成员认为这属于自己的责任,心态就会完全不同,就会采取积极迅速的行为。因此,领导者的第一心态就是负责任。

团队的使命是什么?负责任!对社会负责,对行业负责,对团队成员负责,对合作者负责,对消费者负责。可以说,团队愿意担负的责任越大,成就也越大。

对领导者来说,如果能将"负责任"当作团队文化的一部分,让"负责任"成为一种共同语言,就能大大提高团队成员的工作积极性和工作满意度,从而促使团队成员不断提高工作效率。要成功地做到这一点,领导者必须身体力行,以负责任的心态对待所有的事。领导者抱怨团队成员不愿意去负责的时候,应该想一想自己应该负什么责任。

4. 给团队成员以信任

信任是现代团队关系的基石。作为领导者,首要任务是创造一种互相信任的关系,没有信任就没有团队。这种信任关系不是自然存在的,是靠领导者去创造的。

信任是一种互动关系，需要领导者首先具备信任的能力和心态，相信团队成员是真诚的，相信团队成员能够做到。因为信任是一种最大的激励，信任是一种力量。

信任不是放手不管，信任之后要跟进，要引证，需要在一边激励、支持团队成员，直到他能做到。信任的误区是不负责任。

信任也是领导者对自身能力的高度自信，正是基于这种自信，才能将自己的信任支持给团队成员。这种信任将使团队成员乐于付出，相信团队的愿景并为之付出自己的责任和激情。

5. 重视公司利益

一切的经营活动都是为了团队的发展，团队以获得最大利润为宗旨，这是企业发展壮大的最终目的。公司发展到今天，难免产生宗派和无原则的纠纷。领导者的核心问题就是，能否将团队的利益摆在第一位，主动自律，严格要求自己，光明磊落地把一切问题放在桌面上来谈，对可能产生宗派的苗头、有可能产生无原则纠纷的苗头大胆批评。

◇提高能力，将资源整合成绩效

在工作实践中，赋能型领导者要提高自身的资源整合能力，必须从以下三个方面下功夫。

1. 打破思维定式

整合资源，首先不是一种能力，而是一种意识和观念。在优秀领导者的思想意识中，任何事物都是有价值的，尤其是人才资源。很多事物、很多人才之所以还没有表现出他们的价值，没有充分发挥出作用，主要原因，不是他们没有价值，而是被放错了地方，或者没有得到发挥作用的空间和舞台。只有打破思维上的定式，才能进一步开阔眼界，培养自己进行资源整合的能力。

2. 克服"比试心理"的影响

对于赋能型领导者而言，整合团队内外部的人才资源，是最重要的一项资源整合能力。但很多领导者在这方面的表现却不尽如人意，其中一个重要的原因，是领导者内心深处的"比试心理"在作怪。赋能型领导者，尤其是干业务出身、业务能力较强的领导，很容易产生一种"比试心理"，即自觉或不自觉地将自己的业务专长和业务水平和他人做比较，往往会带来负面效应。因此，要想提高资源整合能力，就要克服掉这种心理。

3. 视野开阔，眼光独到

善于整合资源的赋能型领导者往往能够打破自己的认知边界，重新定义各种资源，独具慧眼，能够从一件事物、一个人身上看到别人所看不到的价值，并且具有开阔的眼界和丰富的想象力，能够把似乎毫不相关的事物联系起来，为实现同一个目标、完成同一项任务做出贡献。

第十章
赋能型团队的典型案例

◇谷歌的运营之道

今日的谷歌是全球极具标志性的企业,在各个领域都有创新突破,并向技术的极限推进。

一、创意:谷歌是如何运营的

创意革命的时代,创意者最重要的驱动力是创造带来的成就感和社会价值,自激励就是他们的典型特征。谷歌的赋能原则有以下几点。

(1)强调兴趣。激励偏重事成之后的利益分享,而赋能强调的是激起创意人的兴趣与动力,给予挑战。只有发自内心的志趣,才能激发出持续的创造力。

(2)赋能比激励更依赖文化。文化才能让志同道合的人走到一起,创意精英再也不能用传统的方法去考核、激励了,谷歌的文化氛围本身就是一种奖励。从本质上来说,他们都是自驱动、自组织的,对文化的认同非常较真。为了享受适合自己的文化,创意精英愿意付出、拥护、共创。因为只有匹配他们价值观、使命感的文化,才能让他们慕名而来,聚在一起,奋发进取。

(3)重视互动。激励聚集在个人,而赋能特别重视团队本身的设计、人和人的互动。创造是很难规划出来的,只有为他们提供各自独立时无法得到的资源和环境,让他们有更多自发碰撞的机会,他们才能创造最大的价值。

想要点燃团队的熊熊野心，极其困难。多数人并没有接触过这种登月般异想天开的思维方式，而是习惯用"不可能"来否定自己的想法，并不会从物理原理出发去探索可能性。正因为如此，谷歌才会投入大量精力去寻找善于独立思考的人，并设定远大的目标。因为谷歌知道，只要找到合适的人才，树立足够远大的梦想，目标就可以实现。即使在中途跌倒了，也能从失败中得到宝贵的教训。

团队安于现状，只求渐变，不求突破，时间一长，就会逐渐落伍，科技行业尤其如此。外界改变通常是革命性的，而不是循序渐进的。所以，谷歌强迫自己着眼于未来，投资无人驾驶汽车及"热气球互联网计划"等看似高风险的领域。

如果把传统知识工作者与谷歌十几年来招聘的工程师等人才放在一起进行比较，就会发现谷歌的人才是一个截然不同的团队成员群体。这些人不会拘泥于特定的任务，也不受公司信息和计算能力的约束，更不会被职位头衔或团队结构羁绊住手脚，甚至领导者还会鼓励他们将自己的构想付诸实践；如果出现不同意见，他们不会选择缄口不言；他们很容易失去耐心，经常变换职位；他们具有多领域的能力，会将前沿技术、商业头脑及奇思妙想结合在一起。换句话说，至少从传统意义上来说，这些人已经不能算是知识工作者了，他们是一个新的物种，我们称他们为"创意精英"，他们便是互联网时代取得成功的关键所在。

二、文化：相信自己的口号

在团队成立之初，认真考虑并确定希望的团队文化，才是明智之举。创始人是团队文化的源头，创始人为实现大计而物色并信赖的团队，才是团队文化的最佳体现。所以，谷歌鼓励团队提问：我们重视什么？我们的信念是什么？我们想要成为什么样的团队？我们希望团队在实际行动和制定决策时采取什么样的方式？然后，把回答记录下来。毋庸置疑，答案中一般都包含着创始人的价值理念，但同时也会掺入不同的视角和经验，为创始人的价值观锦上添花。

谷歌的两位创始人并不追求短期利益最大化，也不关注公司股票的变现能力，因为他们知道，记录谷歌独特的价值观以备未来的团队成员和合作伙伴参考，才是决定团队长远利益的重要因素。

"着眼于长远""为用户服务""不作恶""让世界更美好"，依旧是谷歌行事方式的真实写照。谷歌按照职能划分部门，将团队分为工程、产品、财产和销售等部门，每个部门直接向首席执行官汇报。每个部门自负盈亏，看似有利于衡量业绩，却会使各部门领导者把本部门的盈亏置于团队整体利益之上，从而对部门的发展方向造成误导。

谷歌在重组过程中遵循以下几条原则。第一，留意不同团队的不同倾向：工程人员喜欢复杂，市场人员喜欢增加管理层，销售人员喜欢招助理。第二，把所有重组工作安排在一天内完成。谷歌认为，那些无论你是否批准都按自己的想法做事的人，才值得你投资，这样的人往往会成为团队最宝贵的创意精英。一旦找出了最有影响力的人，谷歌就会赋予他们重任，把担子交到最出色的团队成员手里。

三、人才：招聘是你最重要的工作

亨利·福特说："不管你是 20 岁，还是 80 岁，只要停止学习，就说明你老了。坚持学习的人则永远年轻。人生中最大的乐事，莫过于保持头脑青春永驻。"谷歌理想的应聘者都是那些勇于乘坐过山车且学习不辍的人。这些"学习型动物"不仅有处变不惊的智慧，也有乐于享受变化的心态。

谷歌认为，激情、智慧及学习型思维模式都是招聘中不可或缺的参考条件。除此之外，应聘者的性格同样至关重要。谷歌要寻找的人，不仅要待人亲切、值得信赖，也要处事周全，了解世界大势。谷歌要找的，是有趣的人。

优秀的人才往往不拘一格，鼓励人才去尝试他们从未挑战过的任务，就能得到一些非凡的俊才。这些俊才之所以愿意加入谷歌，也正是因为谷歌愿意冒险任用他们。他们的加入，引来了更多勇于挑战自我的人。

过于依赖招聘官，会让招聘官不再百里挑一地寻找精英人才，而安于拿平庸之辈甚至是无用之才来充数。因为一旦犯错，承担损失的不是招聘官本人，而是团队。就像拉里·佩奇常常告诉我们的，每位团队成员只需引荐一位俊才，目标就可以实现。招聘是所有人的工作，谷歌也该按此考察和评估团队成员。

对招聘的要求越高，面试的过程就越重要，也越富有挑战性。谷歌成立了招聘委员会来做招聘决策。有了招聘委员会，无论身份地位如何，只要想雇佣某人，就需要招聘委员会通过。委员会的决策以数据为根据，并不看重关系或权威。因此，四五个成员规模刚刚好。委员会在人员设置上突出观点的多样性，会吸收资历背景和技能优势各不相同的人选。

想要鼓励团队成员尝试新的角色，可以通过轮换制来实现，但如果不在具体实施上多加注意，则可能事与愿违。谷歌招聘的行为准则如下。

（1）雇佣那些比你更聪明、更有见识的人。不要雇佣那些不能让你有所收获也不能对你构成挑战的人。

（2）雇佣那些能对产品和文化带来价值的人。不要雇佣那些无法为产品和文化带来积极影响的人。

（3）雇佣那些做实事的人。不要雇佣那些只想不做的人。

（4）雇佣那些满腔热情、自动自发的人。不要雇佣那些只想混口饭吃的人。

（5）雇佣那些能启发别人且善于与人相处的人。不要雇佣那些偏爱自己单干的人。

（6）雇佣那些能随着团队和企业一同成长发展的人。不要雇佣那些枯燥乏味、不具备全面技能的人。

（7）雇佣那些多才多艺、兼有独特兴趣和天赋的人。不要雇佣那些只为工作而活的人。

（8）雇佣那些道德高尚、坦诚沟通的人。不要雇佣那些趋炎附势、工于心计的人。

（9）务必雇佣优秀的候选人。宁缺毋滥。

四、沟通：当最牛的路由器

开放的心态不仅适用于日常沟通，谷歌也在尝试共享一切，谷歌董事会报告就是一个例子。

谷歌认为，身为领导者，最需要引起你注意的恰恰就是坏消息。好消息放到明天一样好，坏消息留到明天则会变得更坏。正因如此，即便忠言逆耳，也必须营造一个让大家敢于提出难题和发表忠言的环境。

为了婉转地向权威人士传达坏消息，谷歌在产品或重要功能问世时，会要求各团队召开"事后讨论会"，让全体成员聚在一起讨论哪些做对了、哪些做错了。之后，会公布讨论结果，让每个人知悉。实际上，这些事后讨论会的最大收获就是过程本身。

多数管理团队都缺乏好奇心，他们只想处理手边的工作，在沟通时也会带有一副公事公办的生硬架势。而相比之下，创意精英们的爱好要广泛得多。因此，如果团队成员读到一篇见解深刻或者生动有趣的文章，且文章的内容正好涉及企业所传达的核心理念，谷歌会鼓励团队成员分享。

无论职务如何，谷歌都会鼓励他的团队成员对团队、行业、消费者、合作伙伴及不同文化大胆发表自己的见解。董事会的目的就是要营造和谐透明的环境，并提供建议。

◇阿里巴巴是一家赋能公司

如今，越来越多的人开始理解阿里巴巴（以下简称"阿里"），理解阿里巴巴集团 CEO 张勇所说的"阿里巴巴经济体是透明创新的、实打实的经济实体"。

经过近 20 年的发展，阿里已横跨电商、金融、物流，云计算、大数据、全球化等生态体系，阿里正从电商平台发展成为一个新经济体、一个生态系统。

在这个新经济实体中，阿里用技术和数据赋能给诸多中国乃至全球的企业。马云在出席"广州 2017·财富全球论坛"时表示，阿里是一家"赋能"公司。赋能其他企业做电商，但自己不是电商公司。他直言，阿里巴巴不一定会成为大公司，但会帮助赋能的公司壮大，阿里是基础设施的打造者，正在打造电商业的基础设施。

一、从万能的淘宝到实打实的经济体

"万能的淘宝"是中国消费者对阿里旗下电子商务平台的戏称，也是过去十年间阿里的标签，但近两年这一标签正在被撕下，取而代之的是"新经济体"——一个集支付与金融、大数据云计算、大文娱、智能物流网络等多元化业务在内的生态系统。

如今，阿里已从一个大家所熟悉的电商公司彻底蜕变为一个以大数据为驱动的经济实体。虽然电商仍然是阿里的最大收入来源，但是阿里的业务已经不限于电商,还包括云计算、移动互联网业务等多项业务,以及更多面向未来商业领域的投资。其中,云计算、互联网基础服务业务增长最快。阿里云已成为继亚马逊 AWS 和微软 Azure 之后的全球第三大云计算服务商。蚂蚁金融股份集团、菜鸟网络科技有限公司,作为整个电商的两翼,蜕变成独立的互联网金融平台。

大数据方面,阿里正在利用数据整顿平台内部治理的能力。仅以打假为例,2016 年阿里巴巴平台治理部通过大数据筛查线索,已协助警方抓获犯罪嫌疑人 880 名;捣毁涉假窝点 1419 个;破获案件涉案总金额超 30 亿元。

此外,在大文娱板块,伴随 UC 等业务的快速发展和完成优酷的收购,阿里音乐集团、阿里体育集团的成立,加上阿里对新浪微博的战略投资,阿里的数字媒体矩阵的布局已经初成雏形。

接下来,阿里巴巴还将继续孵化高德、阿里旅行、钉钉、闲鱼、IoT、操作系统 YunOS 等下一代的业务。

随着对优酷的私有化,阿里旅行、口碑等业务的快速成长,阿里电子商务的范围会从实物商品走向数字内容、本地生活服务等领域,并快速延展,这将成为下一个爆发式的增长点。

二、天猫等电商渠道:新零售登场

1.C2B 反向定制

阿里最大的核心就是消费者,基于过去积累的大数据可以做一些 C2B 的尝试,本质上就是希望消费者有机会影响到团队的生产制造环节。以洗碗机为例,这个产品在中国市场长期以来被视为小众、冷门。数据显示,洗碗机在中国市场的普及率不足 1%,而在欧美发达国家,洗碗机的普及率高达 70% 以上。如此巨大的差距,让天猫电器美家事业部厨电部门异常兴奋。他们认为，洗碗机的普及率只要提升几个百分点，就能在线上形成一个新行业。目前，淘宝天猫平台对实体团队生产制造环节的"赋能"主要体现在通过消费者行为预测，对团队的生产备货提供指导意见，提升供应链效率，减少损耗，缩短周转周期，降低库存风险。

2. 改变与消费者沟通的方式

雅诗兰黛是最早与天猫平台合作的高端美妆品牌，他们原本想在中国市场快速扩张，但无法承担向下线城市开拓门店的负担，更要面对复杂的物流带来的困扰。如今，消费者可以基于天猫的产品解决方案（试妆台），在手机上从几百种不同的颜色里去选取适合的唇膏颜色，借助阿里的技术，还能实时看到该产品在脸上的表现。如今，雅诗兰黛已经对吐鲁番、漠河的消费者提供线上实时服务，这种合作模式已经被复制到大部分高端美妆品牌中。

三、菜鸟网络：智慧物流提升效率

自2013年成立起来，阿里旗下的菜鸟网络一直在布局覆盖全国的物流网络，"快递、仓配、末端、农村、跨境"是菜鸟网络的五个业务方向，把传统物流升级为智慧物流，菜鸟网络是如何在互联网时代下实现对实体商家和物流公司赋能的？

1. 大数据提升物流效率

背靠阿里巴巴这个以数据为驱动的经济体，菜鸟网络从一开始就是一家大数据平台。菜鸟网络号称是"共享物流信息系统"的平台，坚信可以通过"数据、算法"来提高社会整体物流效率，降低物流成本。

如今，淘系每天面临着5000多万个包裹的配送，占全行业包裹的70%，但菜鸟网络在不到两年内就将全国范围的包裹平均时效从4天缩短到3天。

面对数量巨大的电商包裹,菜鸟网络是如何帮助快递公司提升运转效率的呢?这要归功于菜鸟快递大数据的全面布局。在2016年,菜鸟网络已经形成"电子面单+路由分单+四级地址库+裹裹APP"的数据闭环,如今四级地址库正在向五级地址库升级。

每一个实际的建筑物对应一个五级地址库,与原先四级地址库精确到街道不同,五级地址库能够精确到每一个门址,大大提升了快递员的物流配送效率。

菜鸟网络在建设五级地址库上具有两大优势:一方面,菜鸟网络可以对接所有的快递公司,获得全量的物流端数据进行分析、校验;另一方面,阿里拥有高德地图的关键数据源,可以与菜鸟网络从物流端获得的数据进行筛选和优化。该项目的进展很快,目前筛查过滤完的五级地址库能够覆盖70%、80%的单量,已经开放给菜鸟网络的合作伙伴使用。

除了电子面单、路由分单、地址库、裹裹APP四个板块外,菜鸟网络还推出了"菜鸟天地""菜鸟鹰眼"等业务,通过对业务运营情况的深度数据挖掘,帮助快递公司掌握自身服务、经营状况在行业中的发展水平,促使快递公司及时发现服务问题,并针对性地予以改善。

另一方面,随着人工智能热潮的兴起,菜鸟网络在2015年组建了"E.T.物流实验室",并在2016年9月推出首款末端配送机器人小G,身高1米左右,能配送10~20个包裹。用户只要通过手机向小G发出服务需求,它就会与TMS(运输管理系统)对接,规划出最优配送路径,将物品送到指定位置,用户可以通过电子扫描签收。

2. 线下仓配让库存离消费者更近

除了线上大数据分析,在线下仓配的搭建上,菜鸟网络也很努力。现今,这张"仓配智能骨干网"已覆盖全国250个城市,搭建的配送线路超过9万条。

菜鸟网络搭建全国的仓配网络，把全国各地的仓库资源、干线资源提供给所有淘宝、天猫上的卖家来使用，这样，他们不用自己搭建全国的网络，就能把所有的需求整合在一起。菜鸟网络的物流体系对于品牌商而言，可以实现最高效率的调配库存，让在国内的消费者以更低的成本和更快的速度拿到商品。

在仓配搭建的基础上，菜鸟网络推出了当日达和次日达服务，所有使用菜鸟联盟服务的商家商品被放到全国仓配网络中时，菜鸟网络会对它们进行分仓，继而实现当日达和次日达。由于淘系包裹品类特别多，菜鸟网络没能像京东一样做到更多的分仓，但在逐渐改善，帮助商家把库存布置得离消费者更近。

四、云服务：阿里已是一家数据公司

作为阿里巴巴集团增速最快的业务之一，阿里云已经构建起一个巨大的云计算生态系统，包含有76.5万多个付费用户（同比增长超过100%）。

今天的阿里云并不是一家公共云计算服务的公司，而是根据客户的需求，提供类似于计算、存储、网络等的"去IOE"服务，以及从技术能力到大数据能力、人工智能能力的服务。

所谓"去IOE"，是对"去IBM、Or-acle、EMC"的简称，三者均为海外IT巨头。其中，IBM代表硬件及整体解决方案服务商，Or-acle代表数据库，EMC代表数据存储。

由于国外IT巨头在技术和产品上的优势，我国很多领域的核心业务系统还采用国外IT厂商的软硬件构架，"去IOE"是对一些核心领域，要求该领域的IT系统及设备做到自主可控，避免信息泄露等安全问题。

阿里云架构包括三个层面：

最底层是数据中心，包括硬件、网络、服务器，这是它整体的基础。

第二层面才是软件及产品的安全,就是如何通过本身的数据中心对外服务,保证客户粉丝的数据安全,此外还包括大数据、人工智能等服务。以今日头条为例,如何来确保内容推送的准确性,确保符合个人标准的相关服务推送是阿里云为客户提供的服务重点,同样的合作还包括微博、淘宝、天猫等 APP 上的精准推送。

第三个层面是市场体系。阿里云的市场体系是通过网站方法来提供服务,如登录阿里云本身的管网来提供这样的服务,还有一条本身的服务体系,就是解决客户在运用服务中遇到的挑战、困难。

五、阿里要实现"五个全球"赋能全球

在 2017 年天下网商大会上,马云透露了一个小目标:阿里要做到"五个全球",即全球买、全球卖、全球付、全球运、全球游。阿里想做五件事情,帮助中小企业、帮助年轻人、帮助女性,实现这"五个全球"。从赋能公益,建立"人人公益"社会,再到赋能中小企业、赋能全球战略,阿里一步一个脚印,踏踏实实地用行动实现愿景。

阿里人和阿里正在赋能全球,让天下没有难做的生意!马云曾经预言:到 2036 年,阿里巴巴要服务 20 亿消费者、1000 万家企业,提供 1 亿个就业岗位,成为全球第五大经济体。

◇京东的赋能管理主体

2016年开始,京东围绕"组织能力三支柱":员工能力、员工思维模式和员工治理,提出了"授权、赋能、激活"的管理主题,推动团队变革,打造出了差异化的组织团队能力,解决了发展过程中面临的管理痛点。

一、赋能:授人以鱼不如授人以渔

京东把赋能划分为四个方面:机制赋能、组织赋能、实践赋能、专业赋能。

1. 机制赋能

在机制赋能上,京东建立了完备的机制来支持运作:管控机制,内部结算交易机制,沟通机制,数据监测、预警与改进机制。京东建立了平台对话等沟通机制,促进内部的沟通和协同;还搭建了监控数据的平台,每周对各区域数据进行监测,统计出异常数据,发给该区域相关负责人进行核对修改,以数据为基础,通过系统中的分析工具,帮团队成员做出科学决策、把控风险。

2. 组织赋能

在组织赋能上,业务配备了HR,财务配备了BP,研发配有专属团队,实现闭环管理。

3. 实践赋能

在实践赋能上,当业务较小的时候全面托管,业务相对成熟后再独立接管,教练式地帮扶带动,参与并辅导重大事项的开展与决策。

4. 专业赋能

在专业赋能上,京东协调体系、制度、平台三方面来提升团队成员的专业度,并结合工具、信息系统做数据分析,通过会议沟通、项目共享等方式做上下拉通,而且还打造专家团队,实现培训、专业咨询,充分利用专业资源。

二、京东人事管理

京东人事管理六项原则如下所示。

1. 价值观第一

在京东,人的价值观永远是第一位的,只有价值观匹配,才会考虑其他能力的问题。通过能力、业绩和价值观体系量化衡量标准,将所有团队成员分为五类:金子、钢、铁、废铁和铁锈。价值观不错、业绩能力卓越的人,是金子;能力、业绩不错,价值观也不错的人,是钢;价值观不错,但是能力稍差的人,是铁;能力不行,价值观也不行的人,是废铁;能力很强,但是价值观不过关的人,是铁锈,要坚决去除。

2. ABC 原则

京东管人是两级管理机制,C 的招聘、升职、加薪、开除、辞退、表扬等,都应该由 A 和 B 共同来决定,也就是 C 的上级和上上级。人力资源的作用是审核,领导者招聘一个团队成员,给他开的薪酬承诺、对他的职位规定,只要符合了 A 和 B 的要求,人力资源是无权说"不"的。ABC 原则的核心是避免领导者一个人说了算,一手遮天。

3. "8150" 原则

"8150"原则的核心是保证团队扁平化。"8"是要求向每个领导者直接汇报的下属不得低于 8 个人，如果不到 8 个人，就减少中间层级的管理者。只有向一个人直接汇报的下属超过 15 人，公司才允许在同一个管理层级再增加一个管理者。"50"指的是同一工种的基层团队成员，管理的人员不能低于 50 人，只有超过 50 个人，才可以考虑设立第二个团队领导。

4. 拖一带二原则

京东不允许领导者把很多原团队的同事带来，最多只允许带两个人，直接汇报。这是防止派系形成的管理规定。

5. 备份 (Backup) 原则

公司规定，每个总监、副总监以上的领导者，在同一个职位任职两年时，必须指定一个继任者，要有备份。而且，这个继任者要是公司认可的，经过老板和人力资源认可的，才算合格。如果领导者在同一个职位、同一个部门工作两年了，都没找到一个让公司认可的 Backup，公司就对该领导者就地免职。

6. 不 (No) 原则

两种情况下不能说"No"。

第一，没有事实或数据能够证明别人的需求是不正确的，不能说"No"。这个原则具有强制性，京东做了一个网格状系统，要求每个领导者都必须列出需要与本岗位配合的其他部门。

第二，所有有利于用户价值提升的都不能说"No"。如果一个部门提出希望这几个部门配合做事情，只要事情做完之后，用户体验就能得到提升，则任何人、任何部门都不能拒绝。

三、京东轮值 CEO 制度

2018 年 7 月，京东商城发布公告，实施轮值 CEO 制度：经集团管理层决定，由集团 CMO 徐雷兼任首任京东商城轮值 CEO，向京东集团 CEO 刘强东汇报，全面负责商城日常工作的开展。

徐雷自 2007 年 5 月起担任京东市场营销顾问，并于 2009 年 1 月正式加入公司，历任京东商城市场营销部负责人、无线业务部负责人、京东商城营销平台体系负责人、集团 CMO 等多个职务。凭借对于品牌建设、网络营销和互联网产品创新的深刻洞察和全面理解，徐雷帮助公司搭建了大市场的营销体系、移动端的产品研发体系和围绕用户全生命周期管理的平台运营体系，培养出多支敢打硬仗、迎难而上的优秀团队，并为京东品牌的建设和塑造、向移动端转型的战略做出了突出贡献。

自 2017 年中升任集团 CMO 以来，徐雷带领团队以积极务实的心态，大力夯实基础，不断进行创新突破，为集团和商城构建了强有力的运营及营销竞争力。

从团队战略发展的视野看，京东轮值 CEO 制度的实施有三个关键因素：团队代际传承的需要；团队业务转型的需要；企业家自身的发展推动。前两者是团队永续经营的内在要求，第三个因素是创始人企业家的主观能动性的体现。

对团队来讲，所有曾经的成功都是阶段性的，面向未来发展才是持续的。团队要想持续保持快速发展的势头，关键要解决好两个问题：选择和培养接棒人；把握发展趋势，实现战略转型。京东轮值 CEO 制度的适时推出，或是为了解决战略转型中遇到的这几个管理问题。

在董事会领导下的轮值 CEO 制度，在轮值期间，轮值 CEO 是公司最高的行政首长。他们要着眼公司战略，着眼制度建设，将日常经营决策的权力进一步下放，推动扩张的合理进行。而团队的日常经营管理工作，则由高层管理团队的成员分头负责。

这是一种独特的制度设计，最大的特征就是最高行政首长并非生产经营决策者,而是战略策划和制度建设的主持者,而且只是短期负责。

四、对事业部的赋能管理

事业部作为前台的一线业务部门,需要更敏捷、更快速地适应瞬息万变的市场。为了让事业部更快地向前奔跑,获得更多的发展机会,京东基于公司整体利益,主动下放经营权力,授予一线管理者更多参与决策的权力。

1. 明确事业部经营体的责任定位

事业部作为自主经营体,面对一线市场,对自身的发展目标负责。而总部定位于战略引领、风险把控和资源协同,主要关注涉及公司整体发展政策、经营管理风险、重大资源分配的工作。

2. 充分授权,总量控制,自主决策

总部对事业部的授权将被划分为财务授权、人事授权、业务授权,一切有利于业务发展的激励和资源的分配,都充分下放到事业部,由事业部在预算内自主决策,保证经营所需的各项资源,为业务部门创造良好的经营与管理环境。例如,在财务费用预算上,集团对事业部更多只是资源总包的控制,及对重大预算调整的审核,预算内费用的使用都由各事业部自主决定。在预算内,事业部可以决定团队成员入职定薪、薪酬调整,并自主支配相应的奖金等激励资源的使用。

3. 完善职能配置,提升事业部管理能力

事业部承担同品类业务整合、拓展的任务,面向市场会更为独立地发展。因此,总部一方面支持各事业部不断优化业务架构设置,增加业务运营分析与支持的职能,强化区域采销团队的建设,提升业务管理的专业性。另一方面,增加了事业部 HR 团队和财务 BP 的设置,实现了对管理价值链的全覆盖,进一步提升事业部的管理能力,让事业部愿意决策、能够决策,减少前后端的协调,激发团队活力。

团队将战略目标分解到各个部门,通过下放经营权,各部门自主经营、独立核算、自负盈亏,目标同增量相关联,自我复制,优胜劣汰,这就是自主经营的优势,通过实施自主经营,激发团队成员的主动性,进而激活团队;再通过增量管理确保个人和团队利益是一致的,从而实现团队成员和团队的双赢。

◇韩都衣舍是典型的赋能组织

韩都衣舍创办于2008年,启动资金不到20万,当年收入为300万元。2016年,销售收入达到14亿元以上,而仅仅是在2016年"双十一"期间,整体销售达到3.62亿元,与优衣库、ONLY同列前三,是唯一进入前10的互联网服饰品牌。

韩都衣舍快速发展成一个知名服装品牌,这是因为打造了一个赋能型团队。这个赋能型团队包括两级:一个是赋能后台,一个是小组制。

一、赋能后台

韩都衣舍整个商业模式最核心的并不是小组,尽管小组做得确实很有特色,而是以下几点。

(1)任何一个小组的后面都有整个赋能体系,是赋能体系让小组强大。韩都衣舍上市时大概2000人,有近300个小组,每个小组大概3个人,共900多人。还有1000多人在赋能后台,而赋能后台才是真正竞争力所在。

（2）韩都衣舍有一个自己研发的强技术部门，有200多人，这是支持它的核心竞争力。

（3）韩都衣舍找专业化人才，做复合型团队，超级分权，更高效率。"赋能团队"是一个结构上的变革：原来，一层一层，每层之间人盯人、人管人，每层都有管理半径，但如今，只要系统做得够好，就可以把一个团队变成两极结构。什么是两极？一极是赋能后台，超级齐全、效率很高；另一极是小组，超级分权。这让一个团队里只有两层。韩都衣舍有一个赋能后台，包括生产、包装基础等，然后给小组赋能。

二、小组制

传统团队的管理结构是从上到下，从老板到高管到中层再到最基层的团队成员，是一个正三角。韩都衣舍是用一种倒三角的模式去管理，他们把这种模式叫作以小组制为核心的单品全程运营体系。核心是产品小组，有三个人，包括设计师、页面专员、货品管理专员，三个人基于产品的研发、销售组成，三个人完全在管理，其他的公务部门为他们提供支持。

这种小组制的模式有五个好处：第一，实现全员参与经营；第二，精细核算到每个团队成员；第三，高度透明的经营；第四，自上而下和自下而上的结合；第五，有利于培养更多的团队领导者。

小组制的核心是要明确责、权、利。

（1）责任。韩都衣舍每年都会跟每一个小组制订年度的生产计划和销售计划，会跟每一个小组去谈：明年三个人打算完成多少销售额，里面的毛利率希望多少，库存周转多少。然后把所谈内容定下来，这就是责任。

（2）权力。第一是款式，打算要上市的款式，由小组里的三个人去商量。第二是款式的几个颜色、几个尺码，每个颜色和尺码的库存由三个人定。第三是价格，也是由三个人商量确定，公司只提供一个最低加价标准。

3. 利益。就是奖金怎么算。非常简单，奖金 = 销售额 × 毛利率 × 提成系数。每个小组，基本上每天都可以算出来会赚多少钱。团队成员的利润、奖金不是由公司来决定的，是团队成员自己干出来、自己算出来的。

三、赋能原则

韩都衣舍如何在一开始就打造了这样一个赋能型平台呢？在这个过程中，它坚持了以下几个原则。

1. 内部赋能

标准的正金字塔形的公司通常分四个部分：第一个是产品的研发；第二个是产品的采购，供应链部门；第三个是销售部门；第四个是行政部门，包括财务、法务、人资、行政。这是一个标准的正金字塔形的模块。

其中，最核心的三个部门：产品和开发、销售、采购。如果每个部门各有 10 个人，一共 30 人。韩都衣舍将这 30 人打散，变成 10 个小组，每个小组都具备这三个部门的人。但变成小组之后，总监、经理、主管都没有了，就是单纯的 10 个小组，没有管理层。

三人小组除了拥有核心经营权外，还拥有自由组合权和服务监督权。

2. 自由组合权

韩都衣舍每天会把前一天的销售排名列出来，把一项枯燥的工作变成游戏。年轻人为什么沉迷于游戏，因为游戏有积分和等级，所有的参与者都会进入一个亢奋状态，虽然韩都衣舍不鼓励加班，也没有加班费，但是团队成员知道只要自己努力一些，产品就可以早点上架，获得好的排名，取得马太效应的竞争优势。

每个小组的奖金分配，由组长决定。如果业绩好的小组能拿到 1 万块奖金，通常组长会自己留 5000，剩下两个人每人 2500。倒数第一的小组只能拿 2000 块奖金，通常组长就不要了，剩下的两个人每人 1000。但这两个人通常会怎么想？我跟着你才拿1000，还要买你的情，所以我不想和你干了。分到2500的那两个人也会觉得，凭什么组长拿我们的两倍，我也想分家。所以，在制度上允许一人小组的存在，一人小组再互相谈，又重新组合成两人小组或者三人小组，这样就出现了不断地分裂、重组、优化。

与之相对应，韩都衣舍建立了自由离婚制度。离婚最难的是什么？财产分割。比如，三个人有一百万的货，里面有好卖的，有不好卖的，一旦有人提出来独立，肯定会把烂货甩给离婚的人，但是离婚的人想拿好货，于是就有了离婚规则。什么样的货带1/3，带走什么货，公司是有规则的，没有讨价还价的余地。

3. 服务监督权

韩都衣舍设立了五人的运营管理组，任何一个小组对服务部门有不满，都能直接投诉到运营管理组，运营管理组马上介入调查，进行处罚。如发货，如果明明一个半小时能拉到仓库，司机居然用了两个半小时，那小组组长就会提出严重抗议，立刻着手调查司机是不是开小差，是否中间回了趟家。在三人小组情况下，组员可以随时走，等于手里有选票，因此组长受到一点不公平的待遇就会说出来，组员会觉得跟着这样的组长干，受益会更多，不会被欺负。

4. 多品牌赋能

在韩都衣舍，排名前10%的小组，有资格做自己的品牌，不管是内衣、大码女装，还是童装的品牌，都可以提出来。公司会给配五百万以内的资金额度，就可以开始创立小组的品牌。品牌正式运营六个月，活下来了，就可以开始认定创始团队，公司会与创始团队达成约定：销售额超过一个亿，税后净利润超过10%，可以给这个品牌办成人礼。

办成人礼之后，除了奖金、正常提成外，团队还可以拿到税后净利润

30%以内的分红。另一个好处是,到了一千万,就能获得生孩子的权利,可以再做子品牌。如果成功地孵化两个五万以上的子品牌,就会成立一个独立公司,可以拿到30%以内的股份,成为这个品牌的股东。

最后,公司成为一个真正赋能型平台,由小组到品牌,每个品牌里有一堆小组,指令还是小组发出来,共享团队这个平台。韩都衣舍这些年来就这样创立了很多品牌,有流行的,有小众的,有成长快的,有成长慢的,但是每年都会不断涌现出新品牌。

这种赋能不仅对内,也对外,韩都衣舍希望拿着自己的东西帮助一些优秀品牌成长。所以,在2016年的时候,韩都衣舍尝试开放了平台,与一些品牌合作。

5. 用算法赋能

目前,韩都衣舍最核心的是韩都智能,在韩都智能的框架结构图里最核心的是算法,商务智能化的BI做完了,正在往人工智能的AI方向走。

大数据是能源,算法是发动机,支撑整个系统的核心是发动机,它决定了你输出的效率。分化到整个产品的系统,都有算法层来辅助决策。传统的服装定价基本上是拍脑袋定价,168、198、328,随便定一个。但是韩都衣舍不一样,它用算法定价。系统里有量本利算法,量是成交数来的量,本是成本的本,利是利润的利。而且,算法会告诉你相似款、同时段气温之下卖了多少钱卖了多少件,用数据帮你决策。

另外,竞争对手此前卖的相似款衣服,他们的销量和定价是什么,数据都拿出来,然后根据自己的成本和利润期待,算出来定价,使它的量是最大的,且利润也是最高的。

韩都衣舍不是简单的一个品牌,它共有三驾马车:第一个是自己做了一个品牌,输出这种能力。第二个是用韩都动力帮助一些团队去互联网化,去转型。第三个是做了孵化基地,从投资的角度成功孵化几个团队。

后记

经过几个月的努力,这本书终于完成了,我感到很高兴。在这里,我要对为我提供资料和帮助的同事和朋友们,表示由衷的感谢。谢谢,是你们的帮助,让这本书在最短的时间里问世。

可是,我知道,对于赋能型团队的打造,我们还有很多问题需要思考,需要不断学习,更离不开实实在在的实践。因此,我建议各位读者,不能为了读书而读书,也不能跟风读,而是要将书中提到的方法切实运用到具体的团队管理中。

理论是死的,方法也是死的,只有实践才是活的,而实践正是阅读和学习的意义所在。

切记:只有认真学习,重视实践,赋能型团队才能真正建立!

参考文献

1. （美）斯坦利·麦克里斯特尔. 赋能：打造应对不确定性的敏捷团队. 林爽喆，译. 北京：中信出版集团，2017.

2. 田俊国. 赋能领导力. 杭州：浙江人民出版社，2017.

3. （美）Magdalena Bak-Maier（玛格达琳娜-巴克麦尔）. 自我赋能：提高工作效率与执行力的36种练习. 刘艳霞，万靖云，译. 北京：电子工业出版社，2018.

4. 尚旭东、陈培松. 不懂带团队 你就自己干到死. 长春：吉林美术出版社，2018.

5. （美）丹·柏秉斯基. 团队正能量：带队伍就是带人心. 邓鑫，译. 北京：中国友谊出版公司，2017.

6. 杨国安，李波，芮益芳. 变革的基因. 北京：中信出版集团，2017.

7. （英）R.梅雷迪思·贝尔宾（R. Meredith Belbin）. 管理团队：成败启示录. 袁征，李和庆，蔺红云，译. 北京：机械工业出版社，2017.

8. 尚旭东. 管理就是带团队. 北京：人民邮电出版社，2015.

9. （英）迈克尔.A.韦斯特（Michael A.West）. 卓有成效的团队管理. 蔡地，侯瑞鹏，姚倩，译. 北京：机械工业出版社，2018.